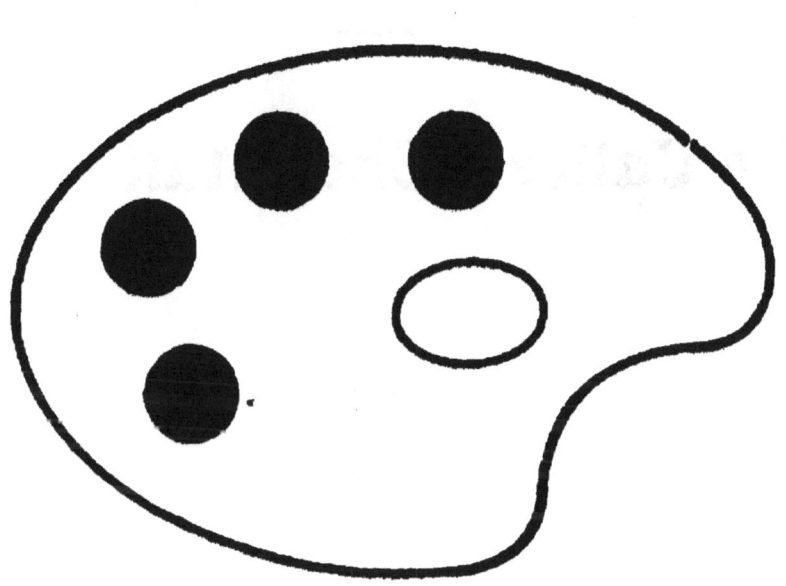

FERNAND VANDÉREM

Théâtre

Le Calice — Cher Maître

2ᵉ Édition

PARIS
Société d'Éditions Littéraires et Artistiques
LIBRAIRIE PAUL OLLENDORFF
50, CHAUSSÉE D'ANTIN, 50

1913

Société d'Editions Littéraires et Artistiques
LIBRAIRIE PAUL OLLENDORFF
PARIS — 50, Chaussée d'Antin — PARIS

DERNIÈRES NOUVEAUTÉS

LUCIEN DESCAVES
Philémon Vieux de la Vieille

CLAUDE FARRÈRE
Thomas l'Agnelet

C. F. RAMUZ
Vie de Samuel Belet

RENÉ PERROUT
Au Seuil de l'Alsace

ÉDOUARD QUET
L'Aventurier

GABRIEL MOUREY
Propos sur les Beautés du temps présent

EM. GLASER
Le Mouvement Littéraire 1912

DOMINIQUE DURANDY
Poussières d'Italie

CYRIL-BERGER
Cri-Cri (illustré)

AUGUSTE LIBERT
L'Esprit des Contemporains

GEORGES OHNET
Le Partisan

NEEL DOFF
Contes Farouches

PAUL SEIPPEL
Romain Rolland (L'Homme et l'Œuvre)

RENÉ LE GENTIL
Notre Jeanne

PAUL GIAFFERI
Les Mamans

RICHARD RANFT
L'Illustre Famille

ÉDOUARD GACHOT
Les Soldats de l'Épopée

JEANNE MARAIS
La Maison Pascal

MAURICE DREYFOUS
Ce qu'il me reste à dire

GEORGES PIOCH
Les Dieux chez nous

THÉATRE

8° Yf
1972

DU MÊME AUTEUR

La Cendre (roman).
Charlie (roman).
Les deux rives (roman).
Le Chemin de velours (contes).
La patronne (roman).
La Victime (roman).
Les Fresnay (pièce).
Gens d'à présent (études).

Tous droits de reproduction, de traduction et de représentation réservés pour tous les pays, y compris la Suède, la Norvège, la Hollande, le Danemark, et la Russie.

S'adresser, pour traiter, à la librairie OLLENDORFF, 50, Chaussée d'Antin, Paris.

FERNAND VANDÉREM

Théâtre

Le Calice — Cher Maître

DEUXIÈME ÉDITION

PARIS
Société d'Éditions Littéraires et Artistiques
LIBRAIRIE PAUL OLLENDORFF
50, CHAUSSÉE D'ANTIN, 50

1913

IL A ÉTÉ TIRÉ A PART

5 *Exemplaires sur papier de Chine.*
10 *Exemplaires sur papier de Hollande.*

Le Calice

COMÉDIE EN TROIS ACTES

Représentée pour la première fois sur le *Théâtre du Vaudeville*,
le 19 novembre 1898.

AVANT-PROPOS

Dans les pièces dites pièces à thèse ou pièces à problème, le dénouement sert de point de départ avant de point d'arrivée. C'est vers lui que l'œuvre s'achemine; mais c'est de lui aussi qu'elle jaillit. Le trouver équivaut presque à avoir trouvé le sujet même de la pièce.

Dans les pièces réalistes, la procédure est inverse et plus compliquée. Le dénouement ne résulte que des scènes qui le précèdent. Toutes concourent à le former, comme les chiffres d'une addition à former le total. Mais ces scènes ne possédant pas une valeur arithmétiquement appréciable, on conçoit les erreurs qui peuvent se produire dans le calcul du dénouement.

Ayant comme seul but de retracer un drame de la

vie courante, ayant comme seul appui l'observation du caractère féminin[1], le Calice est une pièce réaliste.

Cela explique assez les difficultés que je devais rencontrer pour en fixer le dénouement.

J'ai imaginé plusieurs solutions. J'en publie deux ici.

La première version a été donnée à Paris, la seconde à Bruxelles.

Le public choisira.

---

[1]. Voir, entre autres, à ce propos, dans l'Écho de Paris du 15 décembre 1898, un article documentaire intitulé : le Monde et les Mœurs.

A RÉJANE

PERSONNAGES

JACQUES DANTHOISE	MM. Guitry.
LEMASSIER	Nertann.
HUBERT MARQUETTE	Dauvilliers.
MAUBUISSON	Gildès.
LAJIANO	Fleury.
GERMAIN	Lainé.
PREMIER COMMISSIONNAIRE	Pellerin.
DEUXIÈME COMMISSIONNAIRE	Moisson.
SIMONE	Mmes Réjane.
SOLANGE	Bernou.
MADAME GALLARDON	Jenny Rose.
ELENA	Avril.
CHARLOTTE	Drunzer.

Le 1er acte à Paris, le 2e et le 3e à Cabourg.

———

Acte Premier

Un riche petit salon d'hôtel particulier, ouvrant à droite sur un grand hall. Porte à gauche. Piano au fond. Table à droite.

SCÈNE PREMIÈRE

GERMAIN, LEMASSIER, puis MAUBUISSON.

LEMASSIER, *rentrant par la gauche et remettant son chapeau et sa canne à Germain, qui le suit.*

Madame Danthoise est sortie ?

GERMAIN.

Oui, monsieur, il y a une heure.

LEMASSIER.

Madame vous a bien donné tous les ordres pour l'arrivée de madame Gallardon ?

GERMAIN.

La chambre est prête... Si monsieur veut la voir.

LEMASSIER, *s'asseyant et ouvrant des lettres posées sur la table.*

Inutile, merci... Et il n'est venu personne pour moi ?

GERMAIN.

Si, monsieur, j'allais le dire... Il y a là M. Maubuisson, le marchand de chevaux, qui voudrait parler à Monsieur.

LEMASSIER.

A moi ?

GERMAIN.

Oui, et en attendant Monsieur, il a été faire un tour aux écuries, visiter la nouvelle installation... Dois-je l'introduire ?

LEMASSIER, consultant sa montre.

Mon Dieu ! oui, mais dépêchez-vous. (Il se promène.) Sapristi ! qu'est-ce qu'il peut bien avoir à me dire, celui-là ?... Je lui ai réglé sa note il y a deux mois... Enfin, nous allons voir.

MAUBUISSON, obséquieusement.

Bonjour, monsieur Lemassier, je vous demande pardon si je vous dérange...

LEMASSIER.

Du tout, Maubuisson... De quoi s'agit-il ?

MAUBUISSON.

Voilà, monsieur... J'ai appris par Jean, le cocher, que vous partiez dans quinze jours pour votre propriété de Cabourg, et en passant je suis venu vous dire qu'il nous était arrivé un superbe lot de chevaux pour la saison, des bêtes solides, qui ne renâclent pas à la besogne, tout à fait des bêtes d'été.

LEMASSIER.

Comment, Maubuisson, alors les chevaux que vous m'avez vendus cet hiver ne sont pas des chevaux d'été ?

MAUBUISSON.

Monsieur m'entend mal... Au contraire, ce sont des animaux irréprochables, de toute confiance, de toute

saison... Mais justement à cause de leur valeur ce sont des bêtes à ménager... Et dans votre cas beaucoup de nos clients, maintenant, ont adopté le système de donner des vacances à leurs équipages et de n'emmener en villégiature, pour le gros travail des excursions, que des bêtes de louage, des... des...
LEMASSIER.
Des carcans... Non, Maubuisson, je vous remercie... Mes chevaux iront prendre l'air de la mer avec moi et ma famille... Cela leur fera le plus grand bien... Vous n'aviez rien d'autre à me dire?
MAUBUISSON, hésitant.
Non, monsieur Lemassier... ou plutôt si...
LEMASSIER.
Ou plutôt quoi?... Quelqu'un vous a manqué?... Le cocher a été impoli?...
MAUBUISSON.
Non, monsieur Lemassier... Pas le moins du monde.
LEMASSIER.
Eh bien, parlez, que diable!
MAUBUISSON.
C'est... c'est monsieur votre gendre, M. Jacques...
LEMASSIER.
Mon gendre?... Qu'est-ce qu'il vous a fait?
MAUBUISSON.
Cela m'est pénible à vous dire, à vous, un vieux client de vingt ans qui a toujours payé rubis sur l'ongle et duquel... de qui...
LEMASSIER.
Allons, achevez... Finissons-en...
MAUBUISSON.
Monsieur Lemassier, votre gendre, monsieur Jac-

ques Danthoise, me doit douze mille francs depuis trois ans et refuse de me les payer.

LEMASSIER.

Depuis trois ans? Mais nous avons renouvelé nos chevaux cette année... Nous avions les précédents depuis quatre ans... Maubuisson, il y a là quelque chose de louche que je ne comprends pas bien.

MAUBUISSON.

J'ai dans ma poche les factures qui font foi, avec la date des achats et même la fiche des catalogues de vente. (Lisant un papier.) « Monsieur Lemassier, président de la chambre à la Cour des comptes... » Ce n'est pas ça... (Lisant un autre papier.) « Monsieur Jacques Danthoise. Du 12 avril 92. *Le Boulot*, poney bai brun, 1^m,50, très vite, se monte et s'attelle, a été conduit par une dame. Bien mis, 1.500 francs. — Du 6 mai 92. *Prunelle*, jument alezan cerise, demi-sang, 1^m,62. Hautes actions, vendue avec ses papiers. Bien mise, 5.000 francs. — Du 21 mai 92, *Flambart*, cheval hongre, alezan doré, demi-sang, 1^m,60, vendu avec ses papiers, superbes actions. Bien mis, 6.000 francs. »

LEMASSIER.

Six mille!... Peste! il devait être mis comme un prince!

MAUBUISSON.

J'additionne, 1.500, plus 5.000, plus 6.000, total douze mille cinq cents francs, sur lesquels j'ai touché un acompte de vingt-cinq louis le jour de la vente, et depuis, plus un rotin, plus une pistole... Avouez, monsieur Lemassier, que ça n'est pas drôle.

LEMASSIER, se levant.

J'avoue que tout cela ne me regarde en rien... Mon gendre vous achète des chevaux... Vous les lui vendez...

C'était à vos risques et périls... Débrouillez-vous avec lui.

MAUBUISSON.

Mais, monsieur...

LEMASSIER.

Ah çà ! Maubuisson, vous figurez-vous que je serai assez bête pour vous payer trois chevaux dont, si je puis dire, je n'ai pas vu la queue d'un ?... Sais-je seulement s'ils ont jamais existé, ces animaux, si ce n'est pas une vente de convention, une vente fictive, que, d'accord avec mon gendre...

MAUBUISSON.

Oh ! monsieur Lemassier, ce n'est pas gentil de penser ça... J'ai peut-être déjà fait de ces choses-là avec des petits jeunes gens que je ne connaissais pas... Mais avec M. Danthoise, un homme marié et posé, avec le gendre d'un client de vingt ans ! Non, non !... Je vous jure que les chevaux ont été livrés, et bien livrés.

LEMASSIER.

A qui ?... Eh bien ! voyons, à qui ?... Pas à moi en tout cas !

MAUBUISSON.

Monsieur Lemassier, je ne puis pas répondre... Je suis bouclé par le secret professionnel.

LEMASSIER.

C'est bien, restez bouclé, n'en parlons plus... Je vous salue.

Il fait mine de sortir.

MAUBUISSON.

Monsieur Lemassier, j'en ai gros cœur, mais je serai obligé de poursuivre monsieur votre gendre.

LEMASSIER, redescendant.

Poursuivez, poursuivez mon garçon... Ah ! ça ne sera pas fort... Outre les ennuis d'un procès, vous allez perdre ma clientèle, celle de ma famille, celle de mes amis... Et tout cela pourquoi ? Pour un secret de polichinelle que dans cinq minutes je saurai si je veux, avec cent sous bien placés dans la main du dernier de vos palefreniers... que dis-je ! un secret que je sais déjà, parce que, n'est-ce pas, vous n'allez pas me raconter que c'est pour en faire don à un cirque ou à une loterie de bienfaisance que mon gendre vous a acheté ces chevaux !...

MAUBUISSON, ébranlé.

Peuh ! Monsieur Lemassier...

LEMASSIER.

L'affaire est simple : le nom et l'adresse de cette dame, — car c'est une dame... Et je vous signe un chèque de douze mille francs... Donnant, donnant... Je vous attends.

MAUBUISSON, avec effort.

Mademoiselle Diane Lebeau, de l'Odéon.

LEMASSIER.

De l'Odéon ?

MAUBUISSON.

Elle y a été aux débuts, dans ses commencements... pendant deux mois... L'adresse était 168, rue de Longchamps... C'est moi-même qui ai conduit les chevaux.

LEMASSIER, sonnant.

Parfait !... Vous allez être payé... (A Germain.) Mon carnet de chèques, à côté, sur la table de mon bureau... (A Maubuisson.) Jeune, cette dame ?

MAUBUISSON.

Jeune et jolie... Mais, pas de chance... J'ai revu,

l'année d'après, ses chevaux passer en vente... Il paraît que la dame était dans des ennuis.

LEMASSIER, signant le chèque.

C'est la vie!... (Tendant le chèque.) Voici, Maubuisson... et silence sur toute cette affaire, principalement auprès de mon gendre.

MAUBUISSON.

Vous pouvez compter sur ma discrétion, monsieur.
Il sort et, sur le pas de la porte, s'incline pour laisser passage à madame Gallardon.

SCÈNE II

LEMASSIER, MADAME GALLARDON, suivie de GERMAIN.

MADAME GALLARDON, chargée de paquets.

Bonjour... Une minute seulement pour poser mes paquets... Là !... (Serrant la main de Lemassier.) Bonjour, mon vieil ami.

LEMASSIER.

Vous êtes seule! Et Simone qui était allée au-devant de vous!

MADAME GALLARDON.

La pauvre petite!... Je l'aurais parié... C'est de ma faute, aussi... Je suis en avance d'une heure... Mais je ne pouvais plus y tenir... J'avais tant hâte de vous revoir tous !... Et, mes caisses bouclées, j'ai pris le premier train qui partait.

LEMASSIER.

Peuh !... Il n'y a pas grand mal... Nous en serons

quittes pour faire chercher Simone... (A Germain.) Germain, dites à la femme de chambre d'aller vite en fiacre à la gare prévenir madame que madame Gallardon est arrivée.

GERMAIN, sortant.

Bien, monsieur.

MADAME GALLARDON, défaisant son voile et son chapeau.

Eh bien !... mon cher ami, quoi de neuf, ici ? Les enfants sont toujours heureux ?

LEMASSIER, froidement.

Toujours !

MADAME GALLARDON.

Oh ! sur quel ton bourru vous me dites cela !... Y aurait-il du froid, de la brouille ?

LEMASSIER, même ton.

Nullement !... Jamais le ménage ne m'a paru plus uni... Et depuis huit ans que nous habitons ensemble, je n'ai pas eu un mot avec mon gendre.

MADAME GALLARDON.

Pardieu, vous lui cédez toujours.

LEMASSIER.

Je n'aurais pas le temps de lui résister... Il ne fait rien et je travaille, la lutte serait inégale.

MADAME GALLARDON.

Mon ami, vous êtes mécontent de Jacques !... Il se passe ici sûrement quelque chose d'extraordinaire.

LEMASSIER.

Mais non !... Tout va comme à l'ordinaire !

MADAME GALLARDON.

C'est-à-dire très mal !

LEMASSIER.

Pas très bien !

MADAME GALLARDON.

Simone a eu des torts envers son mari?

LEMASSIER

Oh ! vous n'y songez pas !

MADAME GALLARDON.

Alors c'est mon neveu Jacques qui se conduit mal envers votre fille?

LEMASSIER.

Ce serait plutôt ça !

MADAME GALLARDON.

Mais comment?... Où cela?... Quand?... Répondez... Vous ne voyez donc pas que je bous, mon ami !... Qu'y a-t-il?

LEMASSIER.

Je vais vous faire beaucoup de peine... mais c'est vous qui l'aurez voulu... Ce qu'il y a?... Il y a que Jacques trompe indignement sa femme et qu'il n'a cessé de la tromper depuis la seconde année de leur mariage.

MADAME GALLARDON.

Mais c'est épouvantable !... Et moi qui ne me doutais de rien !

LEMASSIER.

Bah !... Comment vous en seriez-vous doutée?... Depuis que vous avez perdu votre mari, vous vivez dans vos terres... Vous n'avez revu Simone et Jacques que durant un mois, tout au début de leur mariage... Vous venez à Paris une ou deux fois par an, passer une quinzaine chez nous ou chez d'autres amis... De plus, soit dit sans reproches, vous écrivez peu de lettres et vous en recevez moins encore... Il était donc fatal que vous ne sachiez rien.

MADAME GALLARDON.

Et dire que c'est chez moi que ce mariage s'est fait !...

LEMASSIER.

Si ce n'eût pas été chez vous, c'eût été ailleurs... Votre neveu était à sa manière une sorte de prince charmant, gai, élégant, joli homme... Ma fille le rencontrait souvent dans les bals, dans les dîners... Elle s'en est éprise peu à peu... Nous avons résisté d'abord, jugeant que ce n'était peut-être pas le mari rêvé pour une nature aussi élevée, aussi délicate... Elle s'est obstinée... Il ne nous restait plus qu'à céder... Au moment opportun, nous l'avons mise en garde... Ensuite, nous l'avons laissée libre... Nous avons rempli tous nos devoirs... Croyez-moi, mon amie, Simone n'a rien à nous reprocher.

MADAME GALLARDON.

Ce qui ne l'empêche pas d'être affreusement malheureuse.

LEMASSIER.

Je n'en suis pas plus sûr que cela.

MADAME GALLARDON.

Quoi, elle ne se confie pas à vous ?...

LEMASSIER, se levant.

A personne, ni à moi, ni à sa sœur Solange.

SCÈNE III

Les Mêmes, SOLANGE, puis GERMAIN.

SOLANGE.

Ah ! chère madame !... Vous voilà arrivée... Quelle

joie ! (Elle l'embrasse et embrasse Lemassier.) Vous parliez de moi?... J'ai entendu mon nom !

LEMASSIER.

Nous parlions de ta sœur et des vilenies que lui fait Jacques.

MADAME GALLARDON.

Comment, Solange est donc au courant?

SOLANGE, ironiquement.

Pourquoi pas?... Vous me voyez toujours petite fille, et vous oubliez trop que, depuis un an, je suis madame de Verzy, la femme de M. de Verzy, référendaire à la Cour des Comptes, enfin une dame importante, mariée, et qui, en un an, a appris des choses... des choses que jamais, avant, elle n'aurait soupçonnées... Entre autres que certains maris trompent leurs femmes et réciproquement.

LEMASSIER.

Solange, ne plaisante pas... Il n'y a guère de quoi... Et dis plutôt à notre amie ce que tu sais des sentiments de Simone.

SOLANGE.

Ce ne sera pas long, hélas !... Je sais que je n'en sais rien... A cent reprises, j'ai essayé avec elle de mettre la conversation sur son mari, sur son ménage, car vous pensez, madame, si cela m'exaspère de la voir ainsi trompée impunément... J'en suis malade quelquefois... Eh bien ! j'ignore comment elle s'y prenait... cela finissait régulièrement de même... Je venais pour obtenir des confidences et c'était elle qui m'en arrachait... A la fin, j'ai renoncé à percer le mystère... Il faut se résigner à cette idée : là-dessus, Simone est et sera toujours impénétrable.

LEMASSIER.

Impénétrable, elle a dit le mot... C'est tout à fait cela... Jamais une plainte, jamais un mouvement d'humeur... Quand on l'interroge, elle se dérobe : une plaisanterie, un sourire, vous savez, son sourire à elle, ce sourire un peu mélancolique qu'elle tient de sa mère, et le tour est joué, l'explication terminée... Qu'est-ce qui la soutient ?... Est-ce l'ignorance ou l'orgueil ? L'aveuglement ou l'amour-propre ?... Est-elle une folle ou est-elle une sainte ? Je l'ignore. Mais ce qu'il y a de certain, c'est que son mutisme me supplicie, et qu'un jour ou l'autre il me poussera, je le pressens, à quelque sottise irréparable !

MADAME GALLARDON.

Ne vous exaltez pas ainsi, Lemassier, je vous en conjure.

LEMASSIER.

On s'exalterait à moins... Mais imaginez-vous donc, ma chère amie, la position d'un père qui voit sa fille bernée, trahie, bafouée par un impudent et qui n'a le choix qu'entre ces deux partis : ou se taire et laisser sans conseils, sans secours, sans consolations, son enfant qui endure peut-être le martyre — ou parler et risquer de détruire d'un mot toute une vie de bonheur, toute une quiétude faite d'amour absurde et de passion confiante... Mais c'est insoutenable !...

MADAME GALLARDON.

Mon pauvre ami ! (Un temps.) Pardonnez-moi ma question... N'avez-vous pas remarqué que Simone fût, comment dirais-je... un peu familière, un peu coquette avec les hommes ?

LEMASSIER.

Je devine votre pensée, mon amie, pour l'avoir, hélas! euc moi-même, mais j'ai épié, j'ai observé... Cette hypothèse n'est pas soutenable.

SOLANGE.

Et si vous en doutiez, il vous suffirait de voir Simone avec ses amis ou les amis de Jacques, ceux qu'elle reçoit ici ou ceux qu'elle rencontre dans le monde... Elle a avec eux tous un ton spécial de camaraderie, un ton à la fois maternel, cinglant et rieur, qui vous aurait bien vite édifiée... Non, Simone n'aime et n'a jamais aimé qu'un homme : son mari...

MADAME GALLARDON.

Je ne demande qu'à vous croire... Mais il faut que ces abominations cessent; et, dès ce soir, j'aurai avec Jacques un entretien sévère.

LEMASSIER.

Il ne manquerait plus que cela. Jacques niera le passé, fera des faux serments pour le présent, se méfiera pour l'avenir, et nous ne saurons plus rien de sa vie au dehors.

MADAME GALLARDON.

Vous l'avez donc fait surveiller?

LEMASSIER.

Oh! une fois seulement, l'année dernière... Il l'a bien fallu... Que voulez-vous, pour ce garçon que j'aurais souhaité aimer comme un père, j'ai fini par avoir des sentiments de belle-mère... Oui, parfaitement, je suis résolu à défendre ma fille, à savoir de façon certaine et complète pour le jour où des preuves deviendraient nécessaires... C'est ainsi que tout à l'heure, j'ai payé pour lui une note de douze mille francs, en retard de trois ans... des chevaux qu'il avait offerts, peu de temps après son mariage à une demoiselle de l'Odéon... Et c'est ainsi que l'an dernier j'ai appris sa liaison avec Charlotte Bruay.

MADAME GALLARDON.

Charlotte Bruay, l'amie d'enfance de Simone?

LEMASSIER.

Elle-même.

MADAME GALLARDON.

Et Charlotte continue à venir ici?

LEMASSIER.

Sous quel prétexte l'aurais-je chassée?

MADAME GALLARDON.

Et la liaison dure encore?

LEMASSIER.

Non, elle a dû se rompre il y a quelque temps.

MADAME GALLARDON.

Ah ! vous m'ôtez un poids.

LEMASSIER.

Oui, mais pour vous en remettre un autre... Charlotte n'est pas qu'abandonnée... Elle a une remplaçante.

MADAME GALLARDON.

Qui cela?

LEMASSIER.

Une petite nigaude, assez jolie, ma foi, avec une voix sucrée et des yeux de velours marron... Elle s'appelle madame Lajiano... Vous ne tarderez pas à la voir... Le mari est à la Bourse... On s'est lié sous couleur d'affaires, et la fête ne chôme pas, je vous le promets... Depuis deux mois, du matin au soir, on ne se quitte plus.

MADAME GALLARDON.

Mais qu'est-ce que sont ces gens?... D'où cela tombe-t-il?

LEMASSIER.

D'Italie, de Roumanie, de Barbarie... on ne sait pas au juste !... Tout ce que Jacques a pu m'en dire, c'est que le Lajiano était très connu à la Bourse.

MADAME GALLARDON.

Pour son honnêteté ?

LEMASSIER.

Il n'a pas spécifié... Et je n'ai pas insisté... Dans un mois... Solange, c'est bien dans un mois que Paul s'en va ?

SOLANGE.

Oui, père.

LEMASSIER.

Dans un mois le mari de Solange part en mission pour l'Italie, et, de Milan, où les Lajiano prétendent avoir séjourné, il doit nous envoyer des renseignements.

MADAME GALLARDON.

Dans un mois!... Et d'ici là, que ferez-vous?

LEMASSIER.

Ce que je faisais avant, je me tairai et j'attendrai.

MADAME GALLARDON.

Moi, je n'aurai pas la patience... Tout ce que vous me racontez me révolte... Et puis ce silence de Simone, je ne puis pas l'admettre. Jamais, de mon temps, une femme n'aurait enduré de tels outrages.

SOLANGE.

Voilà peut-être justement ce qui vous distingue; vous n'êtes pas de la même génération.

MADAME GALLARDON.

Eh! mais! dis donc tout de suite que ma génération n'est composée que de bêtes.

LEMASSIER.

Oh ! c'est presque le sort de toutes les générations.

MADAME GALLARDON.

Enfin, bête ou non, je suis femme après tout, j'ai soixante ans, je possède l'expérience qui te manque, Solange, et le sens des choses féminines que vous ne pouvez avoir autant que moi, vous mon cher Lemassier... Bien des détails qui vous échappent me frapperont... Je reste avec vous six semaines... Eh bien ! je vous garantis qu'avant mon départ, sans imprudence, sans brusquerie, j'aurai appris ce que cache le mutisme de Simone et j'aurai, si possible, rendu le bonheur à cette pauvre enfant.

LEMASSIER, lui serrant la main.

Que Dieu vous entende, mon amie.

Germain entre.

LEMASSIER.

Qu'est-ce que c'est ?

GERMAIN.

C'est madame Bruay qui a téléphoné tout à l'heure pour savoir si madame Gallardon était arrivée et qui fait dire à madame qu'elle va venir lui souhaiter le bonjour.

MADAME GALLARDON.

Brave petite. (Bas à Lemassier.) Quel aplomb !

GERMAIN.

Et puis il y a M. Hubert Marquette que j'ai fait entrer en bas au fumoir et qui demande, lui aussi, s'il peut voir Madame...

MADAME GALLARDON.

Mon Dieu, que tous ces gens sont aimables ! Faites monter !... (Germain sort.) Hubert Marquette, c'est bien le petit danseur de Simone, celui qui autrefois était si fort aux courses et donnait des conseils sportifs à toute sa famille?

LEMASSIER.

Qui les lui a bien rendus depuis sous forme de conseil judiciaire... A part cela, un très bon garçon.

MADAME GALLARDON.

Eh bien, ma petite Solange, tu vas me faire un plaisir... Tu vas les recevoir à ma place.

SOLANGE.

C'est que mon mari m'attend à cinq heures chez notre tapissier de l'autre côté de l'eau, et il est cinq heures moins le quart.

MADAME GALLARDON.

Oh! je réclame dix minutes, pas davantage... Le temps de mettre un peu d'ordre dans ma coiffure et dans mes idées... Sois gentille, Solange... Je t'assure qu'en ce moment, je ne serais pas de force à voir cette petite peste de Charlotte, sans lui exprimer mon dégoût.

Solange embrasse madame Gallardon.

LEMASSIER, à la porte de droite.

Allons, mon amie, ne traînez pas... Vous allez vous faire pincer... Je passe devant pour vous guider.

Ils sortent.

SCÈNE IV

SOLANGE, HUBERT, CHARLOTTE.

CHARLOTTE, au dehors.

Je vous trouve toujours sur ma route... Cela devient compromettant à la fin.

Elle entre avec Hubert.

CHARLOTTE, à Solange, lui serrant la main.

Nous nous sommes rencontrés en bas... N'est-ce pas, on dirait un ménage?

HUBERT, même jeu.

Et je connais, du reste, des ménages moins unis.

SOLANGE.

Eh bien! puisque vous êtes si bons amis, vous allez me rendre un petit service... Vous allez vous recevoir l'un l'autre, en attendant madame Gallardon qui m'avait priée de vous faire patienter... Comme cela, vous m'éviterez d'arriver en retard à un rendez-vous que j'ai à cinq heures précises.

HUBERT.

Mais non, nous vous avons, nous vous gardons... (Avec ironie.) Il attendra un peu, voilà tout.

SOLANGE.

C'est qu'il n'aime pas beaucoup attendre.

HUBERT.

Je comprends cela... Vous êtes si jolie... Il doit vous adorer.

SOLANGE.

Ah! sans me flatter, comme peu de maris, je crois, aiment leur femme.

HUBERT.

C'est donc votre mari?

SOLANGE.

Et qui pensiez-vous que ce fût?

CHARLOTTE.

Ne l'écoute pas, Solange... Il n'a que de mauvaises idées en tête... Je me charge de le mettre à la raison. Mais sauve-toi vite... Tu n'as que le temps...

SOLANGE.

Vous ne m'en voulez pas de vous quitter?

HUBERT.

Oh! moi, je n'en veux qu'à votre mari.

SOLANGE.

Oh! vous!...

Elle sort par la droite.

SCÈNE V

CHARLOTTE, HUBERT.

CHARLOTTE, s'asseyant sur un canapé et d'un ton de feinte cérémonie.

Prenez donc la peine de vous asseoir, cher Monsieur. (Hubert s'assied à côté d'elle.) Oh! c'est bien près... Enfin!... Ah ça! on ne voit plus que vous ici!

HUBERT.

Je ne suis pas venu depuis huit jours.

CHARLOTTE.

Et cela vous semble long!... Bah! je m'en doutais... Vous faites la cour à Simone.

HUBERT.

Moi, oh! je vous jure!

CHARLOTTE.

Pas de serments, une preuve.

HUBERT.

Vous voulez une preuve?... Voilà.. (Il lui saisit la main.) Je vous aime.

CHARLOTTE, se dégageant.

Eh bien! qu'est-ce qui vous prend?

HUBERT.

Il me prend que vous n'êtes plus prise.

CHARLOTTE.

Vous me parlez comme à un fiacre et vous êtes obscur. Tâchez donc d'être plus poli et plus clair !

HUBERT.

Plus je serai clair, moins je serai poli.

CHARLOTTE.

Alors taisez-vous !

HUBERT.

C'est trop ennuyeux... J'aime mieux risquer de vous fâcher et tenter de m'expliquer... Je voulais dire qu'actuellement je vous croyais plus abordable qu'il y a deux mois, par exemple.

CHARLOTTE.

Vraiment, et pourquoi cela?

HUBERT.

Parce qu'une femme sans amour est comme une forteresse sans garnison.... Personne sur les remparts, l'assaut est plus facile.

CHARLOTTE.

Ce qui revient à dire que, d'après vous, j'avais jadis un défenseur et que je n'en ai plus aujourd'hui... Puis-je connaître le nom de ce héros?

HUBERT.

Je ne pense pas vous étonner énormément en vous disant qu'il s'appelle Jacques?

CHARLOTTE.

Qu'en savez-vous?

HUBERT.

Je vous répondrai là-dessus ce que Royer-Collard

disait de l'existence de Dieu : « Je n'en sais rien, mais j'en suis sûr. »

CHARLOTTE.

Et depuis quand lisez-vous du Royer-Collard ?

HUBERT.

Depuis hier soir.

CHARLOTTE.

Vous devenez bien pédant... Décidément il n'y a plus d'hésitation possible... Vous êtes amoureux de Simone... (Geste de dénégation d'Hubert.) — Si, si, prenez garde, je vous dénoncerai au mari.

HUBERT.

Vous êtes donc restée avec Jacques en bons termes?

CHARLOTTE.

Excellents!... Je suis son amie, son paravent, son chandelier, ce que vous voudrez, et il me dit tout... comme à un frère.

HUBERT.

Cela vous amuse, ces confidences?

CHARLOTTE.

Cela m'intéresse... J'évoque des souvenirs, je compare...

HUBERT.

Il vous aimait mieux que... que la nouvelle, n'est-ce pas?

CAARLOTTE.

Il m'aimait autrement.

HUBERT.

Bien entendu... On ne se sépare que pour changer.

CHARLOTTE.

Vous vous moquez encore de moi, il me semble?

HUBERT.

Non, je vous plains, tout simplement.

CHARLOTTE.

Et de quoi me plaignez-vous, âme charitable?

HUBERT.

De jouer un jeu cruel qui vous leurre vous-même et ne vous causera que des déboires... Confidences, petits services, bonne amitié, prétextes que tout cela, dont vous vous abusez pour justifier à vos propres yeux votre présence ici... Votre bouche en sourit, mais votre cœur en saigne... Au fond vous aimez toujours Jacques et, sans l'espoir de le reprendre un jour, vous ne souffririez jamais tant d'humiliations... Vous êtes comme ces pêcheurs à la ligne qui ont laissé filer leur proie, et qui sous le soleil, sous l'orage, demeurent jusqu'au soir immobiles, sombres et têtus, à attendre vainement qu'elle veuille bien mordre encore... Si j'étais vous, ma chère, je m'instruirais de leur exemple et je jetterais la ligne ailleurs.

CHARLOTTE.

Est-ce à titre de pêcheur ou de proie que vous me donnez ces beaux conseils?

HUBERT.

Aux deux.

CHARLOTTE.

Eh bien, détrompez-vous... Je suis à tout jamais dégoûtée de la pêche, et je n'ai donc rien à en redouter, ni avec Jacques, ni avec vous, ni avec d'autres.

HUBERT.

Nous recauserons de tout cela à Cabourg, et vous verrez que j'avais raison.

CHARLOTTE.

Ah! vous venez aussi à Cabourg cet été!... Mais

c'est la grande passion !... Simone vous a tourné la tête.
HUBERT.
Il ne tient qu'à vous de me la retourner.
CHARLOTTE.
Nous finirions par vous faire mal..., Non je ne suis pas si méchante... Et tenez, je vais vous le prouver tout de suite... Voilà Simone qui arrive... Je vous laisse seuls ensemble.
HUBERT.
Mais au contraire, je vous assure...
CHARLOTTE.
Taisez-vous donc, vous êtes ravi : vous avez déjà vos petits yeux qui brillent comme des boutons de bottine !

Elle se dirige vers la droite et se rencontre avec Simone.

SCÈNE VI

Les Mêmes, SIMONE.

SIMONE, *l'embrassant froidement.*
Comment, tu t'en vas quand j'arrive ?
CHARLOTTE.
Je monte chez madame Gallardon.
SIMONE.
Tu sais qu'elle va descendre... Elle achève de défaire son sac.
CHARLOTTE.
Justement, je ne veux pas qu'elle se presse et je descendrai avec elle quand elle aura fini.

Elle sort.

3.

SIMONE.

Alors à tout à l'heure... (Elle s'avance vers Hubert et lui serre la main.) Vous allez bien?

HUBERT.

Je vais mieux.

SIMONE.

Vous avez été souffrant?

HUBERT.

Non, mais je vous attendais et vous ne veniez pas.

SIMONE.

Vous devez être fatigué d'avoir préparé cela... Voulez-vous une tasse de thé pour vous remettre?

HUBERT.

Volontiers... (Un temps.) Eh bien, j'ai suivi vos ordres, vous savez...

SIMONE, préparant le thé.

Quels ordres?

HUBERT.

J'ai lu les poésies de Verlaine.

SIMONE.

Vous êtes content de cette lecture?

HUBERT.

Oui, j'ai trouvé cela très bien, très bien, tout à fait bien.

SIMONE, riant.

Convenez que les vers vous assomment.

HUBERT.

J'en conviens, mais ceux-là m'ont plu.

SIMONE.

Ils vous ont plu parce que vous êtes un ami docile et que vous ne voulez pas me déplaire en me contredisant.

HUBERT.

Je veux mieux que cela.

SIMONE.

Quelle ambition !

HUBERT.

C'en est une, mais je l'ai... Je veux vous plaire.

SIMONE.

Oh ! ce n'est pas bien difficile... Presque tout le monde me plait... L'important dans la vie est de savoir s'arranger... Quand les gens ne m'amusent pas, je tâche de m'en amuser.

HUBERT.

Et suis-je des premiers ou des seconds ?

SIMONE, s'avançant vers lui une tasse de thé à la main.

Tantôt des uns, tantôt des autres ; vous voyez que je suis franche !

HUBERT, s'approchant d'elle, et d'une voix hachée.

Ma chère amie, écoutez-moi, depuis douze ans que je vous connais, je crois que jamais une de mes paroles, jamais un de mes regards ne vous a révélé...

SIMONE, éclatant de rire.

Oh ! que vous êtes drôle, comme cela !... (Elle lui pose vivement la tasse entre les mains.) Tenez, en ce moment vous êtes à la fois des premiers et des seconds, de ceux qui m'amusent et des autres... Comment, vous Hubert, vous allez vous lancer dans la grande déclaration ? Quelle erreur !

HUBERT, décontenancé.

Mais qui vous a dit ?...

SIMONE.

Voyons, mon cher Hubert, pensez-vous que je ne me suis pas aperçue des manèges sournois et timides où vous vous dépensez auprès de moi depuis quelques semaines, pensez-vous que je n'ai pas remarqué le tour bizarre des protestations amicales que vous m'avez prodiguées à votre dernière visite? Pensez-vous, enfin, que moi qui vous connais depuis douze ans, comme vous me le rappeliez à l'instant, pensez-vous que je ne sois pas au fait de vos mœurs de poule vagabonde?

HUBERT.

Poule vagabonde!

SIMONE.

Mais oui... Vous savez qu'il y a deux sortes de poules, les sédentaires et les vagabondes... Celles qui pondent à poste fixe, couvent leurs œufs, ne quittent pas un moment leur progéniture prochaine. Et les autres qui pondent n'importe où, partout, au hasard, s'en vont et ne couvent jamais... Eh bien, vous êtes de ces dernières... Vous pondez vos déclarations ou demi-déclarations ici, là, à droite, à gauche, chez toutes les femmes... Puis vous disparaissez... Vous attendez... Et huit jours, un mois, deux mois après, selon que le cœur vous en dit, — comme aujourd'hui par exemple, vous passez voir si d'aventure votre ponte n'aurait pas prospéré. Hélas! j'ai le regret de vous le dire... votre œuf ici n'a pas éclos... Il vous restera pour compte... Seulement, ce qui me dépasse, c'est que rien qu'une minute vous ayez pu fonder quelque vilain espoir sur moi, — moi une vieille camarade, moi qui adore mon mari.

HUBERT.

Vous l'adorez, après huit ans de mariage?

SIMONE.

Je l'adore... Il n'y a pas d'autre mot pour exprimer

l'affection ardente que je lui porte... Et pourquoi ne l'adorerais-je pas?... Jacques est un homme joli, élégant, tendre, spirituel, un mari presque parfait...

HUBERT.

Presque...

SIMONE.

Oh! je disais presque par modestie... Vous trouvez des défauts à Jacques... C'est votre droit... Pour ma part, sincèrement je ne lui en découvre aucun.

HUBERT.

Vous, une femme si intelligente!

SIMONE.

Mettons que c'est le côté faible de mes belles facultés.

HUBERT.

Cependant, en cherchant bien...

SIMONE.

Que voulez-vous dire?

HUBERT.

Je veux dire qu'en cherchant bien, dans la conduite d'un mari on trouve généralement...

SIMONE.

Ah! prenez garde, mon cher, vous êtes au bord d'une méchante action.

HUBERT.

Comment cela?

SIMONE.

Evidemment : ou vous ne savez rien sur Jacques et vous allez le calomnier, ou vous savez quelque chose et vous allez le dénoncer.

HUBERT.

Oh! vous avez de ces raisonnements qui vous coupent bras et jambes.

SIMONE.

Je vous coupe la parole simplement, quand vous étiez sur le point d'en faire mauvais usage... Vous ne devez pas d'affection à Jacques, qui n'est pas votre ami, à peine un camarade par alliance, mais vous vous devez à vous-même d'apprécier loyalement un homme sur qui au fond vous n'avez rien à dire.

Un temps.

HUBERT, la regardant sceptiquement.

Hum!... C'est vrai... J'ai eu tort... Je me laissais entraîner par mes illusions... Oui, je m'étais imaginé un moment que cela pourrait, je ne dis pas vous flatter, mais vous séduire un peu, l'amour d'un homme qui jusqu'ici, si jeune qu'il soit, ne passe pas pour avoir échoué auprès des plus jolies et des plus difficiles.

SIMONE.

C'est à peu près le discours que me tenait l'autre soir, au bal, le jeune Hector Perrier.

HUBERT.

Le romancier?

SIMONE.

Lui-même... Il me faisait de sa personne des offres aussi cordiales que vous ici de la vôtre... Et pour me convaincre il ajoutait : « Quoi, vous ne seriez pas fière d'être, vous aussi, mon amie, de figurer vous aussi comme héroïne dans ma vie, dans mes romans... et après, quand vous évolueriez à travers les salons, de soulever sur votre route tout un petit frémissement de curiosité et d'envie? »

HUBERT.

Il en a un toupet!... Et que lui avez-vous répondu?...

SIMONE.

Que j'acceptais, à condition qu'il commençât par

faire un roman où il nous peindrait tous les deux, moi, amoureuse de lui à la folie et lui, vivant à mes crochets... De façon que lui aussi, quand il traverserait les salons, il bénéficiât, à son tour, d'un petit frémissement de curiosité et d'envie.

HUBERT.

Il devait être furieux!

SIMONE.

Il m'a regardée avec des yeux ronds, un sourire oblique et n'a plus insisté.

HUBERT.

Bah! vous y perdez peu... Ce pauvre Perrier est bien déjeté, bien fatigué.

SIMONE.

Tiens, c'est précisément ce qu'il me disait de vous.

HUBERT.

Comment, il a osé?

SIMONE.

Oh! mon cher, les hommes d'aujourd'hui n'ont pas des manières très variées de courtiser les femmes... Ils procèdent en deux temps : vanté la rareté de leur amour, puis dénigrer la vaillance physique des rivaux... Mais au bout de ces deux mouvements, ils sont bien à court de munitions et l'on a raison d'eux avec une plaisanterie.

HUBERT.

Hé! hé! vous me paraissez joliment au courant!... Vous avouez donc qu'on vous parle d'amour et que vous laissez faire?...

SIMONE.

C'est-à-dire que, par politesse, j'écoute ce que me disent les hommes de notre monde... Et comme la plupart ne savent parler que d'amour ou de ce qu'ils croient être ça, force m'a bien été d'observer leurs petites manies... Mais, je vous prie de le croire, sans y participer... On peut décrire les fourmilières et n'être pas pour cela une fourmi...

HUBERT.

Loin de moi la pensée de vous traiter de fourmi... Seulement si, dans la fourmilière mondaine, tous les hommes, selon vous, ont les mêmes mœurs, les mêmes façons, si tous ne savent parler que d'amour aux femmes, lorsque vous voyez votre mari, à l'autre bout d'un salon, penché sur une jolie personne et lui murmurant des propos que vous ne pouvez entendre... Suivez bien mon raisonnement...

SIMONE.

Je fais mieux, je l'achève... Quand je vois de loin Jacques dans la gracieuse posture que vous lui prêtez, je suppose qu'il tient à cette dame des propos analogues à ceux que ses semblables tiennent en pareil cas... Mais je suis sûre qu'il dit ces fadaises comme je les écoute : en riant.

HUBERT.

En riant, ou pour rire ?

SIMONE, sèchement.

Pour rire et en riant.

HUBERT.

Bref, vous n'êtes pas jalouse ? Vous avez toute confiance en votre mari ?

SIMONE, même ton.

Une confiance illimitée !

HUBERT, se levant.

Si nous parlions d'autre chose...

SIMONE.

J'allais vous le proposer... (Se levant.) Et voici, du reste, madame Gallardon qui va nous y aider.

SCÈNE VII

Les Mêmes, MADAME GALLARDON, CHARLOTTE, puis GERMAIN.

HUBERT, saluant et serrant la main de madame Gallardon.

Bonjour, chère madame... Vous avez fait un bon voyage?...

MADAME GALLARDON.

Excellent, monsieur Marquette... Et votre famille se porte bien?

HUBERT, à Simone.

Est-ce que ma famille se porte bien?... (Simone fait un signe de tête affirmatif.) Oui, très bien, je vous remercie, elle se porte très bien.

MADAME GALLARDON.

Oh! pardon, j'oubliais que vous aviez eu ensemble des mots.

HUBERT.

Des chiffres, plutôt... Mais comme vous êtes bien informée pour une provinciale!

MADAME GALLARDON.

Bah! madame de Sévigné l'était aussi, provinciale, ce qui ne l'a pas empêchée d'être la plus grande potinière de son siècle... Je fais comme elle ou à peu près... J'écris, on me répond, et je me tiens au courant... Eh! à propos de potins, Simone, qu'est-ce que cette madame Lajiano qui est devenue ton amie? On la dit assez jolie, mais un peu sotte... Est-ce vrai?

SIMONE.

Vrai comme tout le bien et tout le mal que l'on dit des gens... Ajoutez au bien, retranchez du mal et vous aurez la vérité.

MADAME GALLARDON.

Donc elle est très jolie et pas trop bête!... Mâtin, elle doit empaumer tous les hommes!

SIMONE.

Je crois qu'elle a beaucoup de succès.

MADAME GALLARDON.

Tiens! J'aimerais à la voir, cette petite.

GERMAIN, annonçant.

Madame Lajiano.

SIMONE, à madame Gallardon.

Vous allez être satisfaite.

SCÈNE VIII

Les Mêmes, ELENA.

ELENA, très gaie, distribuant des bonjours.

Bonjour, amie... Bonjour!... Bonjour!... (Saluant.) Madame...

SIMONE.

Madame Gallardon, notre excellente amie dont je vous ai parlé souvent.

ELENA, très léger accent.

Certes oui, Madame... Simone vous aime puissamment.

MADAME GALLARDON.

Et croyez que je ne l'aime pas moins.

ELENA, à Simone.

Vous m'excusez venir si tard... C'est ce concert qui a tant duré...

> Madame Gallardon, pendant tout le dialogue, ne cesse de fixer tour à tour Simone et Elena.

SIMONE.

Quel concert?

ELENA.

Le concert au Cirque d'Été... Vous savez, ces concerts populaires... Oh! c'est très élégant, malgré les bas prix, très bien fréquenté.

Elle rit.

SIMONE.

Je vous crois sans peine... Payer un franc ce qui en coûte cinq, c'est une forme d'œuvres populaires qui ne doit pas effrayer les riches.

ELENA, riant.

Vous êtes drôle, amie!

CHARLOTTE.

Le programme était beau, Madame?

ELENA.

Superbe... On a donné du Glück, du Hændel, et l'*Enchantement de la Forêt*... Exécution magnifique!... Du reste, moi, Italienne, je ne puis supporter que la musique allemande... C'est drôle, hé!

Elle rit.

SIMONE, à madame Gallardon.

Il faut vous dire que madame Lajiano, qui est une parfaite musicienne, a une voix exquise.

ELENA.

Oh! pas grande!

Elle rit.

SIMONE.

Assurément, je n'irai pas jusqu'à déclarer que vous avez une voix de chanteuse d'Opéra... Mais telle quelle, votre voix est chaude, vibrante, prenante, tout à fait personnelle... (A Madame Gallardon.) Nous vous ferons entendre Madame un de ces soirs, avant notre départ.

MADAME GALLARDON, distraitement.

J'y compte bien.

ELENA.

Et vous partez toujours la semaine prochaine?

SIMONE.

Non, pas la semaine prochaine, dans une dizaine de jours au plus tôt.

ELENA.

Nous, nous sommes bien tristes... M. Lajiano est revenu ce matin de Cabourg... Mais bredouille... (Elle rit.) Tout loué déjà... Il ne restait plus qu'une villa convenable et encore qui ne sera libre que dans six semaines, le 20 août, après les courses.

SIMONE.

Comme c'est fâcheux!

ELENA.

Très. (Elle rit.) Nous chercherons peut-être à Villers ou à Trouville.

MADAME GALLARDON, avec flegme.

Ce sera bien loin de nous!

ELENA.

Vous dites juste, Madame.

Elle rit.

SCÈNE IX

Les Mêmes, JACQUES, LAJIANO.

JACQUES, entrant suivi de Lajiano.

Ah! ma tante!... Vous permettez? (Il l'embrasse.) Je vous présente mon ami M. Sigebert Lajiano... Madame Gallardon, ma tante.

LAJIANO, avec un profond salut.

Puissamment honoré, Madame.

Saluts. Ils s'asseyent. — Charlotte et Hubert causent assis à l'écart.

SIMONE, serrant très cordialement la main à son mari.

Tu ne sais pas ce que madame Lajiano nous racontait?... Il paraît que tout est loué à Cabourg et que M. Lajiano n'a pu y trouver de logement.

JACQUES, souriant.

C'est arrangé... Je lui en ai trouvé un, moi.

SIMONE.

Toi! Où cela?

JACQUES.

Chez nous!

SIMONE.

Chez nous?... Ah!... Très bien... C'est une bonne idée.

JACQUES.

Oui, je n'en suis pas trop mécontent... Lajiano m'a narré sa mésaventure... Et je lui ai offert l'hospitalité à la maison jusqu'à ce que la villa qu'il désirait louer soit libre... Nous serons là-bas vers le 15 juillet... (A Elena.) Cela vous fera un petit mois à passer sous notre toit, si vous voulez bien l'honorer de votre présence, chère madame.

ELENA.

Mais non, non... Mille grâces... Je ne veux pas... (A Lajiano.) Tu as eu tort d'accepter, ami, nous causerons cent embarras dans cette maison.

JACQUES.

Des embarras?... Mais aucuns... N'est-ce pas, Simone?

SIMONE.

Oh! aucuns!

JACQUES.

Vous habiterez au second deux pièces très gentilles, très claires, avec vue sur la plage... Plaignez-vous donc encore!

ELENA.

Je ne me plains pas vraiment, mais sur mon cœur, je n'ose.

Elle rit.

JACQUES.

D'ailleurs, inutile de protester... Lajiano s'est engagé... Vous n'avez plus qu'à le suivre... Et je vous donne mon billet que nous la mènerons douce et joyeuse. Ma tante est, quand elle veut, gaie comme une jeune fille... Elle adore les excursions comme un Anglais... Elle marche comme un chasseur alpin.

MADAME GALLARDON.

C'est cela, tu as raison... Rassure un peu Madame sur mon compte.

ELENA.

Il n'était pas besoin, Madame!

Elle rit.

LAJIANO.
Seulement je vous préviens...
ELENA.
Que veux-tu dire, ami?
LAJIANO.
Laisse-moi le dire, amie, si tu veux que je le dise...
JACQUES.
Oui, voyons, laissez-lui exprimer sa petite idée.
LAJIANO.
Je vous préviens, moi, qu'en fait de parties, je ne connais que celles du Casino... Donc pour les excursions, n'ayez pas souci de ma personne.
MADAME GALLARDON.
Ah! vous êtes joueur, Monsieur?
LAJIANO.
Puissamment, Madame. Quand je ne suis pas à la Bourse, il faut que je sois au cercle, et inversement la même chose... Il faut que je joue toujours, à n'importe quoi, à l'écarté, au piquet, au poker, au bridge, au polignac, au trente-et-un ravageur...
ELENA.
Voyons, ami, tu ne vas pas dire tous les titres!
LAJIANO.
Eh! amie, je réponds à Madame.
MADAME GALLARDON.
Et vous avez toujours eu cette passion!
LAJIANO.
Toujours, Madame!... Déjà je jouais à quinze ans, quand j'étais un petit employé à Constantinople.
MADAME GALLARDON.
Vous êtes Turc, monsieur Lajiano?

JACQUES.

Non, il n'est pas Turc, il est Bulgare... il est né... dites donc à ma tante où vous êtes né?

LAJIANO.

Né à Tcharémijarévatz.

JACQUES.

Tout simplement.

LAJIANO.

Oui, j'ai joué en Turquie, en Allemagne, en Italie, partout où j'ai passé... Et c'est même à cette manie que je dois un peu ma femme.

SIMONE, à Elena.

Comment, vous aussi, vous êtes joueuse!... J'ignorais.

LAJIANO.

Non pas elle, sa mère, la comtesse Granizzi... Nous avons fait connaissance à Milan, dans un bureau de loterie où nous nourrissions le même *terne*... N'est-ce pas exact, Elena?

ELENA.

Si, ami, mais nous devons partir... Il est près de sept heures déjà!

LAJIANO.

Je t'obéis, ma chère.

Tout le monde se lève, Charlotte et Hubert se rapprochent.

MADAME GALLARDON, bas à Jacques.

Mes compliments... Il est charmant, ton nouvel ami.

JACQUES, souriant, même jeu.

Oh! un peu raconteur d'histoires... Mais, au fond, un très brave homme!

MADAME GALLARDON, même jeu.

Tant mieux !... C'est l'essentiel.

SIMONE, à Charlotte et Hubert.

Au revoir, à bientôt, n'est-ce pas ?

Ils sortent.

MADAME GALLARDON, à Elena.

Au plaisir de vous revoir, Madame... Et en tout cas à Cabourg, alors.

ELENA.

Oh ! je suis toute honteuse... (A Simone lui prenant la main.) Vous me pardonnez, amie ?

SIMONE, avec un sourire contraint.

Mais, je n'ai rien à vous pardonner... Je suis enchantée, au contraire...

JACQUES, la retenant.

Ne te dérange pas, je raccompagne Madame.

Ils sortent tous par la gauche, sauf madame Gallardon et Simone qui va s'installer au piano placé au fond de la pièce et prélude lentement. Madame Gallardon a pris en main une broderie.

SCÈNE X

SIMONE, MADAME GALLARDON, puis
LEMASSIER, puis JACQUES.

MADAME GALLARDON, observant Simone.

Elle n'a pas sourcillé !...

Lemassier entre par la droite.

LEMASSIER, s'approchant de Simone et l'embrassant sur le front.

Tu as eu des visites ?

SIMONE, *s'arrêtant de jouer et pivotant un peu sur son tabouret.*

Celles que tu sais, plus les Lajiano, nos futurs hôtes.

LEMASSIER.

Nos futurs hôtes?

SIMONE.

Oui, Jacques vient de les inviter à passer un mois chez nous à Cabourg, en attendant qu'ils aient trouvé à louer ailleurs.

LEMASSIER.

Et tu as consenti?

SIMONE.

Il m'aurait été malaisé de refuser... Jacques m'a informée de l'invitation devant les Lajiano eux-mêmes.

LEMASSIER.

C'est délicat de sa part!

SIMONE.

Oh! je n'y vois réellement aucun inconvénient... Lajiano est un peu vulgaire... Mais sa femme est gentille... Et puis un mois, cela file bien vite.

LEMASSIER.

Ouais! tu m'en diras des nouvelles au bout de quinze jours seulement... Et de toutes façons, ne trouves-tu pas qu'avant, Jacques aurait pu me consulter?

SIMONE.

C'eût été plus convenable... Mais tu le connais, quand il désire faire une chose, il ne réfléchit pas, il la fait tout de suite, sur l'heure.

LEMASSIER.

Il a cela de commun avec beaucoup de gens mal

élevés... (A madame Gallardon.) Excusez-moi, ma chère amie... Mais de tels procédés me mettent hors de moi.
####### MADAME GALLARDON.
Vous n'avez pas à vous excuser... Je vous approuve sur tous les points.

Jacques rentre par la droite en chantonnant. Simone recommence à jouer très sourdement.
####### LEMASSIER, à Jacques.
Qu'est-ce que me dit Simone, que vous avez invité les Lajiano à Cabourg?
####### JACQUES.
Parfaitement... Cela vous contrarie?
####### LEMASSIER.
Il est bien tard pour me le demander.
####### JACQUES.
Vous avez toujours fait le meilleur accueil à ces gens et je ne pouvais guère supposer...
####### LEMASSIER.
Entre un accueil poli et l'hospitalité complète, il y a une distance.
####### JACQUES.
Oh! laissez-moi vous rappeler, sans nulle acrimonie, que de cette distance je suis seul juge... Je serais désolé que vous ne vinssiez pas avec nous à Cabourg... Mais la maison est louée par moi, à mon nom... Et je ne puis cependant pas, au gré de vos caprices, me priver de recevoir des amis qui me plaisent.
####### LEMASSIER.
Simone, est-ce ton avis?
####### SIMONE, se levant.
Je regrette beaucoup, père.. Mais je ne puis donner tort à Jacques.

JACQUES, riant et frappant sur l'épaule de Lemassier.

Eh bien, mon brave homme, voilà qui vous cloue !

LEMASSIER.

Je vous ai déjà dit, Jacques, que la différence d'âge ne comportait pas entre nous de telles familiarités.

JACQUES.

Mon Dieu ! père, que vous êtes grognon !... Comment ! Je rentre enchanté d'avoir invité chez moi des amis que j'aime bien... En réponse à vos reproches, je vous offre l'hommage de ma belle humeur. Je me permets une petite plaisanterie, oh ! bien innocente... et vous me rembarrez !... C'est renversant !... Mais je me demande un peu ce que vous ont fait ces pauvres gens pour vous être antipathiques à ce point... Non, là, franchement, répondez, je ne me fâcherai pas.

LEMASSIER, gêné et se contenant.

Oh ! rien du tout !

JACQUES.

Alors !... Riez donc et prenez plus gaiement votre parti de passer quelques semaines en face d'une délicieuse petite femme et d'un gros excellent homme de mari qui chaque soir vous fera votre partie de whist ou de crapette... Voyons, est-ce que je n'ai pas raison, ma tante ?

MADAME GALLARDON, froidement.

Si, si, tu as très raison !

Jacques se rapproche de Simone qu'il enlace en lui parlant tout bas.

LEMASSIER, à mi-voix, à madame Gallardon.

Eh bien ! vous avez vu ?... Vous avez entendu ?... Est-ce que vous croyez qu'il n'y aurait pas de quoi éclater mille fois ?... Qu'en dites-vous ?

MADAME GALLARDON.

Je dis que vous allez faire une bêtise si vous restez ici, et que je vous emmène... Simone, je monte avec ton père lui montrer des photographies que j'ai prises là-bas.

SIMONE.

Bien, madame!

Ils sortent par la gauche.

SCÈNE XI

JACQUES, SIMONE.

JACQUES, attirant des deux mains Simone.

Non, mais regarde-moi donc... Je t'assure que tu as quelque chose de changé.

SIMONE.

A mon avantage?

JACQUES.

Si c'était à ton détriment, est-ce que je t'en ferais mention... Tu as modifié ta coiffure?

SIMONE.

Non, je suis coiffée comme tous les jours.

JACQUES.

Alors, c'est ton corsage... la forme de ton col?

SIMONE.

Tu m'as déjà vu cette robe dix fois!

JACQUES.

Enfin, je ne sais pas, mais tu as un éclat dans le regard, une certaine fébrilité qui te vont très bien... Tu me plais beaucoup ainsi!

Il l'embrasse.

SIMONE.

Je vois ce que c'est... Ta bonne humeur tourne en tendresse.

JACQUES.

Oui, je suis ravi... je l'avoue... Ah! et puis tu sais, j'ai réfléchi... La petite automobile à deux places que j'avais en vue, ce n'est pas ça, pas ça du tout... Ce qu'il nous faut, c'est la grande automobile à quatre places... surtout maintenant que les Lajiano viennent... c'est indispensable. Ah! tu verras... tu me diras des nouvelles de notre été... Tu n'as pas la moindre idée de la gaieté que ces gens-là vont mettre dans la maison!... Allons, je vais m'habiller... A tout à l'heure.

Il sort.

SIMONE, seule, éclatant.

Et maintenant cette coquine va s'installer chez moi! Elle habitera chez moi!... Elle couchera chez moi!... Mais ils me feront mourir de chagrin!... Mais j'en deviendrai folle, à la fin!...

Elle tombe en sanglotant dans un fauteuil.

Rideau.

Acte Deuxième

A Cabourg. Un hall de villa bourgeoise. A droite, large porte-fenêtre donnant sur une terrasse au seuil de laquelle se dressent de chaque côté des plantes rares. Porte au fond. Porte à gauche au premier plan. Dans le fond, à gauche, une vérandah en retrait avec un billard. C'est le soir, après dîner. Des lampes. Clair de lune sur la terrasse. Au lever du rideau, les convives causent par petits groupes. Madame Gallardon est à son ouvrage.

SCÈNE PREMIÈRE

SIMONE, LAJIANO, JACQUES, CHARLOTTE, ELENA, HUBERT, MADAME GALLARDON, puis LEMASSIER.

JACQUES, remontant vers le fond.

Germain, donnez-moi donc les numéros pour le billard.

Il prend des mains du domestique la bouteille en osier et commence à distribuer les numéros aux joueurs.

SIMONE.

Ainsi, monsieur Lajiano, c'est demain que vous nous quittez ?

LAJIANO.

Oui, chère madame Danthoise, demain matin, mercredi, par le train de sept heures et demie... Ah ! je vous regretterai puissamment, car, j'ai le cœur bien aise de vous le dire (Il baisse la voix), vous étiez ici pour moi la meilleure, la moins froide, comment dites-vous cela?... oui, la plus indulgente de tous.

SIMONE.

Croyez-vous?... Il me semble pourtant que tout le monde a été fort courtois envers vous.

LAJIANO.

Courtois, si, mais pas de chaleur, pas de gentillezza... Je sens bien, allez... Vous me pensez gros et maladroit, parce que le français me rend la langue lourde... Mais j'ai la senteur fine comme un éléphant... Baste! n'importe cela, j'ai passé une saison charmante dans votre maison et au Casino.

SIMONE.

Alors, pourquoi partez-vous donc avant votre femme?

LAJIANO.

Oh! si peu. Un jour seulement, le temps de préparer notre logis... Et puis que voulez-vous? un jour plus tôt, un jour plus tard, c'est nécessaire... Le chalet que nous voulions louer ici a été enlevé par d'autres... Ma belle-mère, la comtesse Granizzi, nous invite à venir passer septembre et octobre chez elle, à sa villa de Bellagio. Il faut qu'avant notre départ j'arrange un peu mes affaires et que je donne des ordres aux commis. Vous voyez, nous ne pouvons, sur mon cœur, rester plus.

SIMONE, distraitement.

En effet... Je suis désolée... Vous prenez du café?

LAJIANO.

Merci, certes, chère madame Danthoise...

Ils remontent vers le billard où la partie a commencé.

JACQUES, s'approchant de Charlotte qui feuillette sur une
table un illustré et lui offrant une cigarette.

En voulez-vous ?... Cela vient droit du Caire par
Londres. (Bruit de rires au billard. Se retournant.) Qu'est-
ce qui se passe ?

SOLANGE, au fond.

Quatre sous pour madame Lajiano.

JACQUES.

C'est merveilleux !

CHARLOTTE, prenant une cigarette et l'allumant.

Eh bien ! bonne journée ?

JACQUES.

Exquise !

CHARLOTTE.

Il paraît que vous avez encore trouvé le moyen de
lâcher Lajiano et de perdre Hubert en route !

JACQUES.

Oh ! je n'ai pas grand mérite... Ils se laissent aban-
donner comme de simples nouveaux-nés... Nous avons
posé Lajiano au Cercle du Casino de Trouville, nous
avons semé Hubert au coin d'une petite rue où il s'hyp-
notisait devant des gravures de chasse... Après cela,
il était élémentaire de ne plus les retrouver ni au Casino, ni au train, et de rentrer avec une bonne heure
de retard consacrée aux recherches... censément.

CHARLOTTE.

Et en réalité ?

JACQUES.

En réalité à tout autre chose... Seulement, écoutez
bien ceci : il ne faut jamais aller à l'hôtel de la Brebis d'Argent, à Trouville.

CHARLOTTE.

C'est mal ?

JACQUES.

C'est extraordinaire!

CHARLOTTE.

Sous quel rapport?

JACQUES.

Sous le rapport du faste.

CHARLOTTE.

Merci du conseil; mais tout cela me semble bien imprudent... Et si vous continuez ces audaces à Paris, je crains bien qu'elles ne finissent mal.

JACQUES.

Ah! c'est vous maintenant qui me prêchez la prudence!... Comme l'amour peut changer une femme!

CHARLOTTE.

Dites plutôt la rupture.

JACQUES.

Charlotte, Charlotte, vous manquez à notre pacte... Article premier : « Pas d'amertume! » Non. Je dis bien l'amour, car à l'époque délicieuse où nous nous aimions, délicieuse, je maintiens le mot en dépit de vos grimaces, vous m'avez amené à faire des choses qui n'avaient avec la prudence que les rapports les plus lointains.

CHARLOTTE.

La passion m'aveuglait alors. A présent je vois clair et souvent je tremble pour vous.

JACQUES.

C'est bien gentil de votre part... Mais je vais vous rassurer d'un mot... Regardez-moi un peu, ma jeune amie. Je ne suis pas le bon mari, non, mais je ne suis pas davantage le sinistre inconscient ni le sombre bourreau... J'ai simplement une conviction qui fait

toute ma force, toute ma sérénité, toute ma désinvolture... La conviction que Simone ne se doute et ne s'est jamais doutée de rien... Et, tenez, voulez-vous un exemple tout chaud ?... Quand nous lui avons raconté notre histoire de train manqué, de Lajiano perdu, elle a simplement éclaté de rire... Est-ce d'une femme qui soupçonne, cela ?
CHARLOTTE.
C'est peut-être d'une femme qui dissimule.
JACQUES.
En voilà des idées !
Il fait demi-tour et remonte vers le fond.
HUBERT, s'approchant une tasse à la main.
Les idées de madame Bruay ?... Je serais curieux de les connaître.
CHARLOTTE.
Mes idées, c'est que vous faites un singulier métier, vous !
HUBERT.
Moi ?
CHARLOTTE.
Oui, vous trouvez cela propre, de couvrir les frasques du mari et de faire la cour à la femme ?
HUBERT.
De qui parlez-vous donc ?
CHARLOTTE.
La belle question !... De Simone et de Jacques, pardieu. De Simone dont vous voulez être l'amant, et de Jacques dont vous acceptez d'être le complice.
HUBERT.
Vous m'amusez infiniment... D'abord, depuis un mois que nous sommes ici, je ne fais plus l'ombre de

cour à Simone. Osez dire que je lui fais la cour...
Bon!... Voilà déjà un point acquis... Ensuite, quant
à cette histoire de Trouville...

CHARLOTTE.

Ah! vous y arrivez!

HUBERT.

En valsant... Ils ont dit la vérité... Ils m'ont bel et
bien perdu dans une rue, sans que je puisse m'en apercevoir.

CHARLOTTE.

Vous êtes si naïf!

HUBERT.

Je l'étais assurément moins quand je prévoyais que
le rôle de confidente vous deviendrait un jour pénible.

Les joueurs quittent le billard et redescendent au premier plan.

JACQUES, à Lajiano.

Comment donc, admirable idée!

HUBERT.

Qu'est-ce qu'il y a?

JACQUES.

Vous avez votre mandoline ici, Hubert?... Oui...
parfait! Germain! donnez la mandoline de M. Lajiano
et celle de M. Marquette.

LAJIANO.

Elena!

ELENA.

Que désires-tu, ami?

LAJIANO.

La mer est calme comme un lac... l'air est douce
comme chez nous...

JACQUES, imitant Lajiano.

Et il y a la lounе!

LAJIANO.

Veux-tu chanter sur la terrasse avec nos mandolines?

ELENA.

Mais, chers amis, c'est que je suis bien lasse...
Lemassier entre par la gauche.

LAJIANO.

Pour la veille de notre départ, tu ne refuseras pas, amie.

JACQUES.

Mais elle n'y songe pas, à refuser... (Prenant les mandolines.) Voici vos instruments, messieurs, et une sortie en gaieté, s'il vous plaît... Je vous donne vingt secondes pour accorder.

LEMASSIER, bas, à madame Gallardon.

Restez, j'ai à vous parler.

JACQUES.

Vous êtes prêts, seigneurs?... Vous ne venez pas, monsieur Lemassier? Vous ne venez pas, ma tante? Tant pis!... ou plutôt, je regrette... Allons, allons, attention... que le cortège se forme... les dames en tête...

LAJIANO.

S'il vous plaît, la *Marche milanaise* pour sortir.

JACQUES.

Allons!... Une, deux, trois!... C'est la grande vie!
Ils sortent tous par la terrasse, les mandolinistes jouant en tête, Jacques ayant pris le bras de Solange.

SCÈNE II

LEMASSIER, MADAME GALLARDON.

Lemassier jette autour de lui des regards soupçonneux.

MADAME GALLARDON.

Eh bien ! ce grand secret ? Simone s'est confiée à vous ?

LEMASSIER.

Hélas ! non, ma pauvre amie... Il ne s'agit que des Lajiano. J'ai la lettre... On me l'a remise comme nous sortions de table.

MADAME GALLARDON.

Quelle lettre ?

LEMASSIER.

Voyons, mais vous savez bien... La lettre que mon gendre Paul devait m'envoyer de Milan pour me renseigner sur les Lajiano.

MADAME GALLARDON.

Il est bien temps... La veille de leur départ... Enfin, comment sont ces renseignements ?

LEMASSIER.

Terribles, mais la nouvelle excellente.

MADAME GALLARDON.

Quelle nouvelle ?

LEMASSIER.

Nous allons être délivrés, même à Paris, des Lajiano...

MADAME GALLARDON

Pas possible !

LEMASSIER.

Comme j'ai l'honneur de vous le dire... Madame

Lajanio retourne à Milan rejoindre un de ses amants de jeunesse... Mais pour que vous me compreniez, il faut que vous connaissiez certains détails... Madame Granizzi, la mère de la petite Lajiano, est une ancienne danseuse devenue comtesse on ne sait comment ni par la grâce de qui... Elle tenait salons ouverts à Milan, donnait des bals où se réunissait toute la haute fête de la ville... A la suite d'un de ces bals, la jeune Elena eut la malchance de tomber enceinte... Le danseur responsable était un petit lieutenant de cavalerie, le prince Bucchesi — grosse fortune, vieille famille piémontaise, — qui naturellement refusa d'épouser... C'est alors que survint Lajiano, très épris de la jeune fille et qui ne demandait qu'à couvrir la faute... On se maria donc, on laissa l'enfant aux soins de la grand' mère et on vint s'installer à Paris avec l'idée d'y faire fortune... Mais il faut croire qu'on n'y a guère réussi, car voici la fin de la lettre : « Bref madame Lajiano seule, ou avec son mari, ce point n'est pas encore fixé, quitte Paris, rentre définitivement s'établir à Milan. On l'attend ici d'un jour à l'autre. Et, détail bien milanais : le prince Bucchesi ne cache pas à ses intimes que c'est lui qui, ressaisi d'un regain subit de passion, a loué et installé le coquet hôtel du boulevard Cavour où habitera la jeune femme. Il me semble, cher père, que nous ne pouvions souhaiter mieux..., etc., etc.

« Votre fils tendrement dévoué,

« Paul. »

Musique sur la terrasse. On entend la voix d'Elena qui chante.

LEMASSIER.

Ah! tu chantes, ma petite. Eh bien! tu vas danser maintenant.

Il se dirige vers la terrasse.

MADAME GALLARDON.

Où allez-vous, Lemassier?

LEMASSIER.

Profiter de ce que nous sommes seuls et appeler Jacques, parbleu!

MADAME GALLARDON.

Attendez donc jusqu'après-demain que ces braves gens aient déguerpi... Il sera largement temps alors de sortir nos papiers pour demander compte à Jacques des amis qu'il introduit chez nous... Et comme, par bonheur, personne ici ne sait ce que valent nos bonshommes...

LEMASSIER.

Oui, mais, moi, je le sais et je ne pourrai me taire.

MADAME GALLARDON.

Vous en parlerez avec moi... Toute la soirée d'aujourd'hui, si vous voulez, et toute la journée de demain... Cela vous aidera à attendre.

LEMASSIER.

Ça ne sera pas la même chose... Ainsi tout à l'heure, quand je verrai Jacques et la personne arriver pour leur partie de dames, vous savez, cette partie, où, sous prétexte de jeu, chaque soir ils combinent, j'en suis sûr, leurs rendez-vous du lendemain et tiennent à mi-voix des propos qui doivent faire rougir les blancs, eh bien! maintenant que je sais toutes ces histoires, la patience m'échappera ; il faudra que je leur dise leur fait!

MADAME GALLARDON.

Pensez-vous que, moi, cela m'amuse de les voir opérer? Mais vous n'avez qu'à m'imiter, à ne pas rester quand ils arrivent.

LEMASSIER.

Quoi, fuir devant eux!

MADAME GALLARDON.

Les voilà qui rentrent... Cédez-moi pour ce soir... Remontez chez vous... Et tenez, si le silence vous pèse trop, je vous jure que demain je vous laisserai libre.

LEMASSIER.

Peuh! vous faites de moi tout ce que vous voulez!... Mais, je ne m'engage que pour ce soir.

MADAME GALLARDON.

Entendu... On viendra vous prévenir quand le thé sera servi.

Il sort par la gauche, premier plan. Madame Gallardon remonte vers la vérandah où elle prend un châle.

SCÈNE III

MADAME GALLARDON, ELENA, JACQUES.

JACQUES, *entrant par la droite avec Elena qui enlève son mantelet.*

Je vous l'ai dit, c'est très imprudent... Vous alliez prendre froid... Vous avez chanté comme un ange... comme le premier soir où je vous ai entendue.

ELENA.

Vous vous rappelez donc?

JACQUES.

Si je me rappelle... Ç'a été une surprise de volupté inoubliable... C'était, pendant que vous chantiez, comme du parfum qui me tombait sur le cœur... Un parfum inconnu et vivace... un parfum...

4

MADAME GALLARDON, *redescendant.*

Hum! hum!

JACQUES.

Tiens, vous étiez là, ma tante?

MADAME GALLARDON, *repliant son ouvrage.*

Oui, j'ai eu chaud sous cette lampe... Je vais prendre un peu l'air...

ELENA, *ouvrant l'échiquier et rangeant les pions.*

Vous avez bien raison... C'est une nuit superbe... (Elle rit.) Nous, nous venons pour faire notre petite partie de dames.

MADAME GALLARDON.

Vous avez bien raison... C'est un jeu superbe.

Elle sort par la droite.

ELENA, *s'asseyant.*

Mio caro, votre tante se moque?

JACQUES, *s'asseyant en face d'elle et commençant à jouer.*

Oui, elle aurait des tendances à être un peu caustique... Mais, au fond, je ne connais pas de meilleure femme.

ELENA.

Vous ne croyez pas qu'elle croit quelque chose?

JACQUES.

Elle!... Ah! décidément, vous êtes bien toutes les mêmes!

ELENA.

Qui cela, toutes?

JACQUES, *gêné, poussant les pions.*

Je veux dire toutes les femmes, en général, d'une façon générale... Oui, toutes les mêmes, à frémir sans raison devant des dangers imaginaires... Mais combien de fois faudra-t-il vous répéter que c'est ici la maison du bon Dieu... ou, si vous préférez, l'asile des aveugles — que depuis Simone jusqu'à ma tante, depuis M. Lemassier jusqu'à Hubert, personne ne voit rien, ne soupçonne rien, et que, du premier au dernier, ils ont tous devant les yeux des verres couleur confiance !

ELENA.

Pourtant, nous sommes souvent ensemble... Ils pensent sûrement quelque chose sur cet ensemble-là !

JACQUES.

Ils pensent que nous flirtons... Ils pensent que c'est un flirt... Et cela laisse au calme leurs cœurs honnêtes et sans images... Les mots d'amour sont comme les mots de guerre... Ils n'évoquent de réalités que pour les gens qui ont vu le feu.

ELENA, soupirant.

Ah ! certainement, nous l'avons vu !

JACQUES.

Il n'y a pas de quoi soupirer... à moins que ce ne soit de regret... Est-ce de regret ?

ELENA.

Oui.

JACQUES.

Alors, quitte à vous sembler rabâcheur, quelle rage avez-vous de partir un mois avant l'époque convenue ?

ELENA.

Je vous l'ai dit, ami : ma mère me veut.

JACQUES.

Et moi, croyez-vous que je ne vous veux pas ? Si je me résigne, si je vous laisse partir, ce n'est pas, je vous l'assure, lassitude de lutter... C'est parce que je vous aime comme je n'ai jamais aimé aucune femme, parce que j'ai pris l'habitude de réaliser tous vos caprices, parce que je vous désire heureuse, dussé-je souffrir de votre bonheur!

ELENA, *le contemplant longuement.*

Povero!

JACQUES.

Pourquoi *povero?*

ELENA.

Vous êtes si gentil et si bon, que l'idée de vous quitter me fait le cœur gros comme une orange.

JACQUES.

Une orange?... Ce n'est pas énorme!... Et puis d'ailleurs, restez... vous guérirez.

ELENA.

Où cela rester?... Dehors, cette villa n'est plus libre... Et ici votre famille s'étonnerait que je demeure si longtemps.

JACQUES.

Je connais vos arguments et j'y ai répondu... Je suis dans cette maison chez moi, libre d'y inviter qui je veux, d'y garder qui me plaît... Là-dessus, personne n'a voix au chapitre... Toute la question est donc de savoir si vous m'autorisez, oui ou non, à tenter, auprès de votre mari, une dernière démarche...

ELENA.

Non, mon Jacques, Sigebert a besoin de partir pour ses affaires, grand besoin... Ne le détournez pas... Cela le contrarierait puissamment...

JACQUES, *se levant.*

Convenez plutôt qu'une fois déjà, l'autre semaine, il a été sur le point de céder et que vous tremblez qu'il n'accepte.

Entrée de Solange qui vient chercher un manteau, et ressort aussitôt.

ELENA, poussant un pion.

Jouons, mon Jacques, pour avoir l'air...

JACQUES.

Volontiers... Mais je constate que vous ne trouvez pas à répliquer... Tenez, Elena, savez-vous ce que je me dis parfois?

ELENA.

Quoi, mio caro?

JACQUES.

Je me dis qu'il y a peut-être là-bas, chez vous, dans votre pays, quelque chose qui vous attire et que vous me cachez.

ELENA, gravement.

Hors ma mère qui me veut, rien et aucune créature... Je le jure sur notre amour... (Elle lui saisit la main en avant de la table.) Le vilain qui doute de son amie si tendre!

JACQUES.

Non, je ne doute pas... Mais j'ai peine à comprendre votre hâte de partir, malgré toutes mes prières, tandis que moi, sur un mot de vous, je ferais l'impossible pour vous contenter. Je ferais des folies... mieux : des bêtises... Car je peux vous l'avouer, Elena, avant d'avoir la joie de vous rencontrer, j'ai eu pas mal d'aventures, j'ai connu des femmes jeunes, jolies, séduisantes...

ELENA, retirant sa main.

Assez, ami!

JACQUES.

Pardon!... Or, jamais auprès d'aucune femme, je n'ai éprouvé ce que j'éprouve auprès de vous... Pourquoi? (Un temps.) Ainsi, tantôt, à la « Brebis d'Argent », à cette surprenante « Brebis », je vous contemplais, tandis que vous sommeilliez, car pendant quelques minutes, vous avez pris un petit repos... Oh! bien mérité, je le reconnais! Eh bien! je vous contemplais et je m'ingéniais à découvrir ce qui en vous me tient, me grise tellement!... Je me penchais doucement sur vous, comme sur une jeune fée endormie dont j'aurais voulu saisir les secrets... Et faut-il vous le dire?... Je ne trouvais rien... Sont-ce les chauds tremblements de votre voix? Est-ce l'énigme de votre sourire? Est-ce le parfum de vos cheveux?... Est-ce...

ELENA.

Ne cherchez pas, ami... C'est le charme de l'étrangère.

JACQUES.

D'accord. J'admets votre solution. Seulement, elle ne m'explique pas toute la domination que vous exercez sur moi... Car je me connais... En ce moment, pour vous, à cause de vous, je me sens capable des plus grandes audaces et je ne pourrais en risquer la moindre sans un ordre de vous... C'est comme si mon énergie augmentait à mesure que ma volonté fléchit...

ELENA.

Ne dites pas plus... Je sais... Vous m'aimez... De la patience un peu... Dans deux mois, vous m'aurez.

JACQUES, s'énervant.

Pourquoi deux mois?... Quelle nécessité vous force de donner à votre mère ces quatre semaines de septembre que vous deviez d'abord passer ici?... Oh! je n'ai pas le plaisir de la connaître, madame votre mère, et je veux croire qu'elle est aussi gentille, aussi charmante que vous... Mais, enfin, si agréable qu'une mère puisse être et si bonne fille qu'on soit, a-t-on idée de passer huit semaines chez elle, quand elle se contentait de quatre?... C'est du zèle, petite Elena, du zèle inutile dont elle ne vous saura même pas gré, et, qui pis est, du zèle contre moi, contre notre amour, contre nous!

ELENA.

Ce n'est pas du zèle, ami... C'est de la promesse... J'ai promis et elle attend.

JACQUES.

Elle attendra un peu plus... Vous vous excuserez... Vous trouverez un prétexte pour vous dégager ou je vous en trouverai un, moi! (Il se lève et s'assied auprès d'elle.) Et puis je veux que tu restes... Je le veux, tu m'entends... Tu n'as pas le droit de partir... Tu ne le peux pas après aujourd'hui. Ce serait absurde et méchant... Ce serait l'acte d'une femme qui n'aime pas... Je ne veux pas, demain, être sans toi...

ELENA, avec effort.

Mais Lajiano acceptera-t-il?

JACQUES.

Sûrement, si vous l'exigez.

ELENA, se levant nonchalamment.

Bien, je vais le lui demander.

JACQUES, la retenant.

Non... Pas maintenant... Pas devant tout le monde... Si je n'insistais pas, il résisterait... Et si j'insistais, cela pourrait paraître louche.

ELENA.

Alors quand?... Ce soir, dans sa chambre?...

JACQUES, vivement.

Non, non!... Attendez un peu... Il me vient une

idée... Nous allons lui offrir de faire une promenade sur la plage... Personne à cette heure-ci, je suppose, n'aura envie de nous accompagner... Et à nous deux, ce sera bien le diable si nous ne venons pas à bout de lui.

ELENA.

Dois-je l'appeler à présent?

JACQUES.

Oui, allez...

ELENA, le regardant tendrement.

Ah! carissimo mio!... En tout cas j'aurai ce souvenir de vous avoir encore une fois tenu la main sur la plage, sous les étoiles?... (Elle se dirige vers la terrasse et appelle.) Sigebert!

SCÈNE IV

Les Mêmes, LAJIANO, SIMONE, CHARLOTTE, SOLANGE, HUBERT, MADAME GALLARDON.

LAJIANO, rentrant, suivi par les autres.

Que te faut-il, amie?

ELENA.

Te plairait-il de faire une promenade sur la plage, pour notre dernier soir?

LAJIANO.

S'il te plaît, il me plaît.

ELENA.

Donc nous irons... Viendrez-vous, chère madame Gallardon?

MADAME GALLARDON.

Oh! moi, je vous remercie... Je vais aller me mettre au lit... Bonsoir.
    Elle serre quelques mains et sort par la gauche.

ELENA.

Bonsoir, madame... Et vous, Simone? Non... Vous, madame Bruay?... Non plus... Personne, personne!... Comme au téléphone! (Elle rit.) Soit, nous irons tous deux avec M. Danthoise... Voulez-vous?

JACQUES.

Bien volontiers.

ELENA.

Sigebert, va chercher les manteaux, je te prie.

LAJIANO.

J'y cours, amie.
    Il sort avec Jacques et rentre aussitôt avec lui, portant les manteaux. Elena procède à sa toilette.

CHARLOTTE, à Hubert.

Ils vont bien... Ils ne peuvent plus se séparer... De vrais crabes!... Ils sont d'une témérité!...

HUBERT.

Et vous, d'une jalousie!

CHARLOTTE.

Moi?

HUBERT.

Oui, vous en êtes toute pâle.

CHARLOTTE.

J'ai mal à la tête, simplement.

HUBERT, se dirigeant vers la droite.

Oh! si ce n'est qu'à la tête...

CHARLOTTE.

Où allez-vous?

HUBERT.

Prendre pour vous un peu d'antipyrine dans la pharmarcie qui est là.

CHARLOTTE.

Merci, je connais de meilleurs remèdes.

ELENA, s'approchant.

Au revoir, madame... Bonsoir, monsieur Hubert... A tout à l'heure, j'espère...

CHARLOTTE.

A tout à l'heure. (A Jacques ironiquement.) Pas d'imprudences, n'est-ce pas ?

JACQUES, sèchement.

Merci du conseil, ma chère... Mais je ne suis pas un enfant.

Ils sortent par la terrasse.

SCÈNE V

SIMONE, SOLANGE, HUBERT, CHARLOTTE.

Simone, Solange et Hubert se sont assis. Charlotte, debout sur le seuil de la terrasse, semble suivre du regard les passants.

CHARLOTTE.

Oh ! qu'ils sont amusants tous les trois. La petite Lajiano a pris le bras de Jacques... Le gigantesque Lajiano marche gravement derrière... On dirait deux fiancés que surveille leur père... Viens donc voir Simone... Vite... Ils vont disparaître.

SIMONE.

Merci... Je m'en tiens à ta description.

CHARLOTTE, redescendant.

Tu es fâchée ?... Tu trouves ma remarque inconvenante ?

SIMONE, souriant froidement.

Pas du tout, je la trouve très comique.

CHARLOTTE, s'asseyant.

Je ne me l'étais permise que parce que je sais que tu n'es pas jalouse... (Un temps.) D'ailleurs la jalousie n'est pas le fort de votre famille.

SOLANGE.

Qu'est-ce que tu entends par là ?

CHARLOTTE.

Qu'à votre place souvent je serais plus inquiète et donc moins endurante... Par exemple, toi, Solange, tu laisses tranquillement ton mari partir pour l'Italie, tout seul pendant un mois.

SOLANGE.

J'y étais bien forcée... Je n'aurais fait que le gêner là-bas.

CHARLOTTE.

Et cela ne te tourmente pas de savoir Paul si loin, sans toi, livré à toutes les tentations de la route ?

SOLANGE.

Si je l'y croyais livré, peut-être... Mais j'ai la conviction que mon souvenir l'en délivre.

CHARLOTTE.

Voilà la différence entre nous... Moi, cela me torturerait... Tiens, ici, chaque lundi, quand mon mari me quitte pour ne revenir que le samedi suivant, j'enrage, je lui boude d'avance par rancune de tous soucis qu'il va me causer durant cinq jours.

HUBERT.

Les grandes passions sont ainsi.

CHARLOTTE.

Plaisantez tant qu'il vous plaira ; mon système est le bon... Il faut tenir nos maris si nous ne voulons pas qu'ils s'échappent... Même principe que pour les ballons... Tant qu'on n'aura pas découvert le moyen de les diriger, c'est encore le ballon captif qui me paraît le plus sûr.

SIMONE.

Pourtant la corde casse quelquefois.

CHARLOTTE.

Par l'effet de la malveillance... Aussi j'évite soigneusement tout ce qui peut l'aider.

SIMONE.

Oh ! la malveillance est une grande fille... Elle n'a pas besoin qu'on l'aide.

CHARLOTTE.

Au moins est-il habile de ne pas la provoquer par trop de dédain ou d'indifférence.

HUBERT.

Vous me semblez ce soir joliment sentencieuse.

CHARLOTTE.

Parce que je ne voudrais pas blesser Simone et que j'emploie exprès des formules générales. J'ai horreur de m'immiscer dans le ménage des autres.

SIMONE.

Oh ! je n'en doute pas, mais je vois que ce soir, par exception, tu grilles de t'immiscer, et j'attends tes conseils, persuadée qu'ils me viendront de la meilleure amitié.

CHARLOTTE.

Soit. Je serai la franchise même... Je n'irai pas

par quatre chemins... Si j'étais toi, à la rentrée, j'espacerais les Lajiano.

SIMONE.

Comme tu y vas !... Mais je n'ai pas de raison sérieuse pour expulser ces gens... Jacques se plaît dans leur société... Ils n'ont eu, durant leur séjour, que des politesses à mon égard.... Tout ce que je pourrai faire désormais, ce sera de ne plus t'inviter avec eux, si leur compagnie t'est pénible.

CHARLOTTE.

Tu te trompes... Je ne suis pas en cause.

SIMONE, s'animant.

Et qui donc y est alors?... (Un silence.) Ah! oui, la plage, l'opinion... Madame Lajiano est jolie, coquette... Elle habite chez nous... Jacques est jeune, beau garçon et l'accompagne souvent dehors... Je devine avec ces ingrédients toutes les calomnies malpropres et nauséabondes qu'ont pu cuisiner et se repasser gloutonnement un amas de Parisiens plus ou moins tarés, snobs et imbéciles, quand l'oisiveté et le grand air les affamaient de potins... Mais je ne mords pas à ces plats-là... Régale-t'en si c'est ton goût... Moi, ils me font lever le cœur.

CHARLOTTE.

Même quand il s'agit de toi et des tiens ?

SIMONE, se calmant.

Qu'il s'agisse de moi ou des autres... Tous ces gens ont pour distraction de jeter du fiel sur ceux qui passent... Pourquoi voudrais-tu que je m'étonne d'avoir reçu au passage ma part de venin !... On éprouve bien d'abord une petite sensation de froid, mais ça sèche si vite !

CHARLOTTE.

Au bout du compte, c'est une façon de voir : tu méprises l'opinion.

SIMONE.

Certaines opinions.

CHARLOTTE.

Ce sont les plus dangereuses.

SOLANGE, éclatant.

Une femme comme Simone n'est pas touchée par les vilenies... Tu le sais mieux que personne, Charlotte.

CHARLOTTE, sèchement.

Ma petite Solange, j'ignore ce que signifie cette phrase équivoque, qui du reste ne peut m'atteindre, mais tu as huit ans de moins que moi et je ne te permets pas de me parler sur ce ton.

HUBERT.

Voyons, mon amie...

SOLANGE, très animée.

J'ai peut-être huit ans de moins que toi, mais je dirai ce que j'ai à dire... Je veux dire, je veux dire...

SIMONE, lui mettant la main sur le bras.

Solange, calme-toi, je t'en prie...

CHARLOTTE.

Eh bien ! quoi, parle, nous t'attendons.

SOLANGE, se contenant.

Voilà... Tu m'as exaspérée en taquinant Simone, en l'inquiétant inutilement... et malgré moi j'ai fait,... j'ai inventé une allusion méchante...

CHARLOTTE.

A quoi ?

SOLANGE.

A rien... Puisque je te dis que je l'ai inventée.

CHARLOTTE.

A la bonne heure... Donne-moi la main.

HUBERT, chantonnant.

Allons, Solange, un peu de complaisance. (Elles se serrent la main.) Bravo !... Enchaînons... Enchaînons... Vous allez demain matin au tennis toutes les deux ?

CHARLOTTE.

Moi j'y vais et si Solange veut, je viendrai la prendre vers dix heures, en passant.

SOLANGE, froidement.

Je te remercie... demain matin, je ne suis pas libre.

Un silence.

CHARLOTTE, prenant sa mantille sur une table.

Et maintenant, mes chéries, je vous souhaite le bonsoir...

SIMONE.

Tu ne restes pas pour le thé ?

CHARLOTTE.

Merci, je tombe de fatigue... Hubert voudra bien me servir de cavalier.

HUBERT.

Mais certainement, avec plaisir.

CHARLOTTE, s'approchant de Simone et lui prenant la main.

Tu ne me gardes pas rancune ?

SIMONE.

J'ai déjà oublié tout ce que tu m'avais dit.

CHARLOTTE.

Je croyais te le dire pour le bien... Il paraît que j'ai fait erreur.

SIMONE.

Mais tu n'as pas à te justifier.

CHARLOTTE.

J'ai à profiter de la leçon... C'est bien la dernière fois que je me mêle de vouloir faire le bonheur des autres.

SIMONE.

Oh! tu sais, sur le bonheur chacun a ses idées à soi.

HUBERT, à Charlotte.

Comme c'est juste ce que Simone dit là...! Ainsi moi...

CHARLOTTE, l'interrompant.

Oh! non, pas ici... J'ai trop sommeil... Vous me raconterez cela en route.

HUBERT.

Je ne demande pas mieux... (A Simone et à Solange.) Mesdames, vous m'excusez?

SIMONE, lui tendant la main.

Le devoir avant tout... Vous nous direz la suite demain.

CHARLOTTE.

Alors, bonne nuit, mes chéries.

SIMONE et SOLANGE, glacialement.

A demain!... Bonsoir!...

Charlotte et Hubert sortent par la terrasse.

SCÈNE VI

SIMONE, SOLANGE.

SOLANGE.

Cette Charlotte est décidément une femme méchante et grossière... Je la déteste.

SIMONE.

Je la crois plus sotte que méchante.

SOLANGE.

Pas méchante, elle ?... Tu n'as donc pas vu sa manœuvre ? Pour une raison ou pour une autre, elle voulait ce soir te tourmenter, te faire à tout prix de la peine... Mais elle n'osait t'attaquer de front... Alors elle a biaisé, elle s'en est prise d'abord à moi au risque de m'alarmer, de détruire stupidement toute ma confiance en mon mari. Non, ce n'est pas seulement méchant, c'est sournois et c'est lâche !...

SIMONE.

Oh ! j'imagine cependant qu'elle n'a pas réussi à te troubler.

SOLANGE.

Je ne sais pas...

SIMONE.

Est-ce qu'on prend au sérieux de pareilles niaiseries ?...

SOLANGE.

On ne les prend pas au sérieux, mais elles vous prennent à la gorge... J'étouffais quand Charlotte m'a dit que Paul était capable...

SIMONE.

Pure taquinerie... J'use de tes propres expressions.

SOLANGE, énervée.

Oui, taquinerie pour toi qui es une personne calme, maîtresse de ta pensée et de tes nerfs ; mais pour moi, une violente, une sensitive, c'était de la véritable cruauté... Au reste, le jour où Paul me trahirait, il ne tarderait pas à s'en repentir... Aussitôt fait, aussitôt rendu... Je le tromperais dans les vingt-quatre heures, avec n'importe qui.

SIMONE.

Singulière solution !

SOLANGE.

Comment, toi, une femme intelligente et sans préjugés, tu n'admets pas l'œil pour œil, dent pour dent. Tu n'admets pas qu'en amour la femme soit l'égale de l'homme ?

SIMONE, s'animant graduellement.

Ah ! oui, une belle égalité qu'on nous décerne là, et dans un beau moment ! Quoi ! c'est à l'heure où nous venons d'être trahies, où nous aimons notre mari comme jamais nous ne l'avons aimé, où à nos regrets, à notre douleur même, nous mesurons toute la force de ce qui nous lie à lui... C'est ce moment-là qu'on choisit pour nous jeter dans les bras d'un autre ! C'est alors qu'on nous reconnaît généreusement le droit de prendre un amant, au nom de je ne sais quelle égalité ravalante et ignominieuse... Ou plutôt si, je sais laquelle : l'égalité dans l'ordure et dans la honte !... Mais, ciel, je me demande quelles femmes nos partisans ont donc fréquentées pour oser nous offrir en un pareil moment d'aussi infâmes consolations... Je me demande où ils avaient l'esprit ces étranges défenseurs de notre sexe qui dans leurs plaidoyers n'ont oublié qu'un cas, celui où la femme n'est pas seulement l'égale de l'homme qui la trahit : celui où elle est sa supérieure.

SOLANGE.

Toutes les femmes ne sont pas supérieures à leur mari.

SIMONE.

N'y en aurait-il qu'une, la théorie resterait encore abominable.

SOLANGE.

Alors, selon toi, le pardon serait la vraie solution?

SIMONE, avec fébrilité.

C'est cela. Après la morale du talion qui fait de nous des bêtes sauvages, la morale du pardon qui fait de nous des bêtes avilies. Oui, je la connais aussi, cette autre légende d'abaissement et de fausseté... On souffre l'enfer de la trahison, on croit celui qu'on aime perdu, on n'a plus qu'une idée, le garder quand même, le reconquérir ; mais on n'ose. Alors la conscience nous souffle cet expédient : « Sois grande, sois généreuse, pardonne !... » Au fond, nous savons bien que notre grandeur ne sera que de la bassesse, notre générosité du désir, et que notre pardon nous l'accorderons en sanglotant comme si c'était nous la coupable... Mais qu'importe la vérité, pourvu qu'on sauve son plaisir !... Et nous sommes grandes à souhait, généreuses comme des saintes et pardonneuses comme des martyres !... Puis quand nous avons joint à cette abjection de ne pouvoir nous passer de notre maître cette autre abjection de lui avouer notre servitude, sur la première illusion, c'en est une autre qui se greffe... Nous nous imposons de croire que de notre indulgence naîtra la gratitude, de notre attachement la fidélité et de notre faiblesse le respect... Nous voulons qu'une faute oubliée devienne une faute sans retour, un mari menteur un mari loyal, et le loup épargné une brebis... Mensonges, mensonges que tout cela !... Une femme qui pardonne n'est qu'une femme qui désire encore. Un homme pardonné n'est qu'un homme qui se méfie plus... Face à face, ils se valent, l'une avec sa lâcheté, l'autre avec sa félonie. Et leur amour ne sera plus que l'union de deux mépris... Ah ! je t'en prie ne me parle pas de ce pardon qui finit par faire descendre la victime presque aussi bas que le malfaiteur!

SOLANGE.

Pourtant je ne vois guère d'autre solution possible. Entre la vengeance et le pardon, il n'y a pas de milieu.

SIMONE.

C'est ce que dit toujours la paresse humaine devant les cas difficiles... Cela fatigue moins que de chercher.

SOLANGE.

Tu as donc trouvé mieux, que tu es si sévère?

SIMONE.

Je n'ai pas eu à chercher.

SOLANGE,

Assurément... Mais tu as dû réfléchir là-dessus, puisque tu condamnes si nettement les règles en usage.

SIMONE.

Je constate qu'elles sont absurdes... Ce qui ne veut pas dire que j'en sache de meilleure... Et puis, en cette matière, j'estime qu'il n'est pas de règle... Chacun agit d'instinct et défend, comme il peut, la pauvre paix de son âme.

SOLANGE.

Mais enfin, sans poser de règle ni de théories, tu as, comme toute femme, tes idées personnelles sur ce sujet, à moins toutefois que tu ne juges Jacques infaillible.

SIMONE.

Moi, le juger infaillible?... Mais ce serait ne pas le connaître... Et je crois, tout en l'adorant, que je sais mieux que lui-même ses qualités et ses travers... D'abord de tempérament, il est coquet, il aime à plaire... Je l'ai observé mille fois... Avec les plus laides, les plus vieilles, il faut qu'il se démontre à lui-même sa faculté de charmer... Conclus dès lors avec les plus jeunes, avec les plus jolies... C'est plus fort que lui. Il fait cela machinalement... Il attire à lui toutes les femmes par une magie mystérieuse, invisible... Je le sais bien, moi, puisqu'il m'a prise, malgré ma sagesse, malgré ma raison, malgré tout ce que j'ai pensé de lui dès le premier jour, dès la première conversation, malgré tout ce que j'en pense encore!

SOLANGE.

Et tu en penses du mal?

SIMONE.

J'en pense la vérité... Je pense que c'est un être de grâce, de luxe, un homme créé pour les plaisirs, pour le sien et celui des autres, une nature qui ne peut vivre que dans la joie, dans la fête, dans les divertissements et qui dépérirait d'une existence austère ou seulement laborieuse... Je pense qu'il a cerveau de jolie femme et un cœur de collégien libéré... Je pense qu'il adore les femmes, mais n'en aimera peut-être jamais une... Eh bien! est-ce de la clairvoyance cela... ou de l'aveuglement?

SOLANGE.

En tout cas ce n'est pas de la sécurité... Car si un jour tous ces penchants naturels, comme tu les appelles, allaient plus loin que la coquetterie, jusqu'à la faute, jusqu'au crime, que ferais-tu?

SIMONE, avec méfiance.

Cela t'intéresse?... Eh bien! si jamais cette catastrophe me frappait, si jamais je découvrais que Jacques me trompe, mon premier, mon unique souci, ce serait de lui cacher ma découverte.

SOLANGE.

Et après?

SIMONE.

Après?... Comme je n'aurais sans doute pas l'énergie de le quitter, je me tairais.

SOLANGE.

Quoi, c'est tout?... Pas un reproche, pas un avertissement!

SIMONE.

Lui reprocher quoi?... De me dominer tellement que je préfère la trahison à l'abandon... L'avertir de quoi?... De ma faiblesse et de son impunité... Non, il n'est pas de mot, là-dessus, qui ne soit un pardon déguisé... Or, celles qui pardonnent, celles qui avec leurs pleurs confessent le secret de leur asservissement, tu sais ce que j'en pense et tu sais le genre de bonheur qu'elles peuvent espérer.

SOLANGE.

Soit; mais si jamais Jacques découvrait ton secret?... Si un hasard, un mot imprudent le lui révélait tout à coup?

SIMONE.

Crois-tu que je n'y ai pas pensé, à ce désastre?...

Crois-tu qu'on puisse soutenir de pareils combats, sans avoir toujours présentes devant les yeux la défaite possible et la mort ?... S'il découvrait mon secret ?... Ah ! Solange, mais ce serait la fin de tout... Je m'en irais, je le quitterais... Tout me serait égal, même la vie !

SOLANGE, avec effroi.

Que dis-tu là ?

SIMONE, s'animant.

Mais oui, comprends donc, être trompée chaque jour grossièrement, être prise pour une femme aveugle, abêtie, tout cela n'est rien, tout cela n'atteint que ma vanité... C'est affaire entre mon orgueil et moi... Je n'en dois compte à personne, ni à ma pudeur ni à ma conscience... Mais mon secret découvert, c'est la dernière défense de mon amour qui tombe, c'est ma déchéance qui s'achève... J'étais déjà la femme naïve et crédule qu'on trompe mais qu'on respecte, à cause de sa tendresse... Je descends plus bas encore... Je deviens pour mon mari l'esclave tolérante et domptée, la mendiante d'amour qu'une aumône de caresse rassasie et qu'on réduit par un baiser... Je deviens à ses yeux celle qu'hélas ! je suis vraiment : celle qu'on tient, celle qui accepte, celle à qui on a le pouvoir de tout faire !... Et ma passion enfin, ma pauvre passion à laquelle j'avais sacrifié tout, on n'y croit même plus... On la plaisante, on s'en égaie... On l'appelle à part soi de je ne sais quels noms dégradants... Et moi-même, aux instants d'abandon, j'ai peur de me livrer, j'ai peur de frémir aux baisers, j'ai peur de crier ma tendresse, j'ai honte de mon amour comme d'une tare inavouable, je crains même qu'il ne fasse rire... Ah ! plutôt perdre toute joie, plutôt la fuite, la disparition, le néant, que de sombrer dans cette boue !... (Elle se passe la main sur les yeux.) Non, non, vois-tu, Solange, il faut se taire, se taire devant le coupable, se taire devant les autres, se taire si l'on peut devant soi-même, ne serait-ce que pour ne pas s'entendre souffrir... Je préfère me taire... (Se ressaisissant.) Ou plutôt je préférerais, car il va de soi que tout cela n'est qu'une hypothèse...

SOLANGE.

Bien entendu.

SIMONE, presque souriante.

Et même si tu veux être gentille, tu garderas pour toi cette conversation... Elle semblait te passionner et je t'ai dit, à mesure que cela me venait, tout ce qui me passait par la tête... Mais inutile de faire croire aux gens que je consacre mes jours et mes nuits à réfléchir sur ces problèmes.

SOLANGE, très émue.

Naturellement... Laisse-moi t'embrasser, ma chérie... Je t'aime de tout mon cœur.

Elles s'embrassent dans une longue étreinte. Jacques et Elena apparaissent sur le seuil de la terrasse.

SCÈNE VII

Les Mêmes, JACQUES, ELENA, puis GERMAIN, puis LEMASSIER.

JACQUES.

Vous vous êtes disputées ?

SOLANGE, se retournant.

Non, pourquoi ?

JACQUES.

Dame ! Je croyais !... Vous vous embrassiez avec tant d'entrain.

SOLANGE.

Moi, je n'ai pas besoin de remords pour embrasser Simone.

JACQUES.

Moi non plus !... (Il embrasse Simone légèrement et s'allonge à demi sur le canapé.) Ah ! la magnifique promenade !... Vous avez été absurdes de ne pas venir... Nous le disions tout le temps, n'est-ce pas ?

ELENA.

Si... si...

SOLANGE.

Et M. Lajiano, il a échoué quelque part ?

JACQUES.

Oui, au Casino, en revenant. Eh bien ! et ce thé, il n'arrive pas ?

SIMONE, désignant Germain qui entre avec le thé.

Le voici ! (A Germain.) Vous avez prévenu M. Lemassier ?

GERMAIN.

Oui, Madame, il descend.

Il sort.

JACQUES.

Alors, j'attends M. Lemassier pour vous dire le résultat de ma pêche.

LEMASSIER, entrant.

Vous avez donc pêché ?

JACQUES.

Une pêche miraculeuse : deux personnes — nos bons amis Lajiano, dont j'ai réussi à retarder le départ.

(Un silence.) Ah ! ça n'a pas été tout seul... Enfin, à force d'arguments et de prières, j'ai obtenu ceci : Lajiano partira demain matin, comme il y était décidé, mais il reviendra ici dans huit jours. Quand à madame Lajiano, elle nous reste, et ils ne s'en iront plus que dans un mois, vers le 25 septembre... Avouez que c'est bien travaillé !

LEMASSIER, glacialement.

Très bien !

Un silence.

ELENA, timidement.

Nous allons encore vous gêner.

SOLANGE, glacialement.

Mais pas du tout.

Nouveau silence.

JACQUES, bas à Simone qui est restée dans le fond, près du plateau à thé, sans paraître entendre.

Dis-lui donc quelque chose d'aimable... Vous êtes tous là muets comme des planches à pain.

SIMONE, même ton.

C'est juste. (Elle s'avance vers Elena une tasse de thé à la main.) Mais non, vous ne nous gênez pas. Une excellente idée, au contraire... Un peu de thé?

ELENA, se levant.

Merci, amie... Je suis très lasse et j'aurais peur avec ce thé de ne pas bien dormir... Vous m'excuserez donc si je monte.

SIMONE.

A votre guise... Bonsoir, ma chère.

JACQUES, qui se verse une tasse de thé.

Bah ! Restez encore un moment... Nous monterons tous ensemble.

ELENA.

Non, je vous assure... Je suis trop endormie... Il me faut reposer.

JACQUES.

Reposez, alors, reposez!

Elle sort par la gauche.

SCÈNE VIII

Les Mêmes, moins ELENA.

Solange embrasse son père et sort par la porte du fond reconduite par Simone.

SIMONE, s'approchant de Lemassier.

Une tasse de thé, père?

LEMASSIER.

Non, merci, mon enfant... Dites-moi donc, Jacques...

JACQUES, buvant son thé.

Plaît-il?

LEMASSIER.

Est-ce que cette invitation aux Lajiano est une invitation sérieuse ou une invitation en l'air?

JACQUES, redescendant.

Mais tout ce qu'il y a au monde de plus sérieuse... Aussi sérieusement faite que sérieusement acceptée.

LEMASSIER.

Eh bien! vous m'obligerez infiniment en trouvant d'ici à quelques jours un prétexte pour la défaire.

JACQUES.

Vous badinez?

LEMASSIER.

Je n'en ai ni l'intention, ni l'envie. Je désire que les Lajiano ne prolongent pas leur séjour ici... S'ils restent, je m'en irai avec Solange. Rien n'est plus simple.

JACQUES.

Ah! vos lubies vous reprennent! Cela va être gai!

LEMASSIER.

Lubie ou non, c'est ma volonté, et je l'accomplirai telle que je vous l'annonce.

JACQUES.

Mais si ce n'est pas un caprice, vous avez des raisons?

LEMASSIER.

Les meilleures.

JACQUES.

Dites-m'en une.

LEMASSIER.

Soit, je vous en dirai une. J'estime que madame Lajiano n'est pas une société pour Solange, ni même pour Simone.

JACQUES.

Oh! Oh! voici du nouveau!... Et c'est au bout d'un mois que vous nous révélez cette merveilleuse découverte?

LEMASSIER.

J'aurais pu le faire avant, mais je n'aime à affirmer que les choses dont je suis sûr!

JACQUES.

C'est beau les scrupules!

LEMASSIER.

Ne raillez pas mes scrupules... Vous feriez acte d'ingrat.

JACQUES.

Bon! maintenant je vous dois de la reconnaissance, parce que vous venez calomnier auprès de moi des amis dont le seul tort a été de vous déplaire.

LEMASSIER.

Je ne calomnie pas vos amis... Et l'antipathie qu'ils m'inspirent n'a rien à voir dans tout ceci... Je vous dis la vérité... Vous refusez de la croire... Cela me dicte ma conduite : je n'ai plus qu'à m'en aller.

JACQUES.

Votre conduite a un nom; disons, pour être poli, que c'est de l'intimidation.

LEMASSIER.

Chacun son idée... Moi, j'appelle cela mon devoir.

SIMONE.

Mais cependant, père, pour nous quitter si brusquement tu dois posséder des preuves de ce que tu avances... des renseignements certains.

LEMASSIER.

Oui, très précis, et je les communiquerai à ton mari dès qu'il daignera s'en enquérir... Un court tête-à-tête suffira.

JACQUES, énervé.

Merci, merci, je vous en tiens quitte.

LEMASSIER.

Parbleu! après nous avoir imposé cette personne douteuse, je comprends que vous préfériez d'autres sujets de conversation.

JACQUES, même jeu.

Je ne crains rien pour mes amis de ces racontars... Mais c'est votre attitude qui m'offense... Quelles que fussent vos convictions, vous deviez vous en ouvrir amicalement à moi... Au lieu de cela vous avez débuté par la menace... Soit, partez et cessons tous ces commentaires.

LEMASSIER.

Convenu! Je m'en vais!... Seulement devant vous et devant ma fille je prends acte de cette énormité : que vous me laissez partir pour garder chez vous, à votre foyer, sous le même toit que votre femme, une simple gourgandine, notoirement connue pour telle.

JACQUES, violemment.

Monsieur Lemassier!

LEMASSIER.

Oh! votre ton tragique ne m'effraie pas. Oui, je dis bien, une gourgandine et même pire, car les filles avouent franchement leur métier de se faire entretenir, tandis que celle-ci s'en cache et joue chez nous à l'honnête femme.

JACQUES, éclatant.

C'est une vile imposture!

LEMASSIER.

Vous allez immédiatement retirer ces paroles.

JACQUES.

Je ne retirerai rien du tout... Quand on veut être respecté, on commence par ne pas diffamer les autres.

SIMONE.

Jacques, je t'en conjure... Vous vous êtes mal compris... Vous étiez énervés l'un et l'autre.

LEMASSIER, la saisissant par le bras.

Mais ne t'abaisse donc pas à supplier ce garnement.

JACQUES, bondissant.

Vous osez?

SIMONE, le retenant.

Tais-toi... (A Lemassier.) Père, va-t'en je t'en prie, tu n'es plus maître de tes paroles.

JACQUES.

Non, non, débat pour débat, finissons-en tout de suite. Je vous écoute.

LEMASSIER, se contenant.

Je parlerai à mon heure. J'ai mes raisons pour cela.
Il marche vers la droite.

JACQUES.

Simone, je te fais juge de ces odieux procédés... Après la menace, la diffamation; après la diffamation, la fuite!

SIMONE.

Jacques, au nom du ciel!

JACQUES, poursuivant.

Allez toujours, ni par vos lâches attaques ni par vos lâches reculades, vous ne m'empêcherez de défendre une femme qui est mon hôte, mon amie...

LEMASSIER, éclatant.

Et votre maîtresse, misérable!

SIMONE, se jetant entre eux et dans un grand cri.

Ce n'est pas vrai!

JACQUES, à Lemassier d'une voix tremblante.

Qu'avez-vous à répondre, Monsieur?

LEMASSIER, lui tendant la lettre.

Ceci! Car si cette femme n'est pas votre maîtresse, elle n'en est pas moins une basse aventurière.

JACQUES, ouvrant la lettre et regardant la signature.

C'est de Paul!... Ah! Ah! nous allons voir. (Il parcourt la première page.) Eh bien! quoi?

LEMASSIER.

Continuez!

JACQUES, dont les traits s'altèrent graduellement pendant qu'il lit.

Oh! Oh! c'est trop fort!

SIMONE, avec angoisse.

Qu'y a-t-il?

JACQUES, rendant la lettre à Lemassier, et d'une voix résolue.

Monsieur Lemassier, je vous fais, du moins en ce qui concerne madame Lajiano, mes plus humbles excuses... Demain, elle aura quitté cette maison.

Il sort d'un pas furieux par le fond.

Rideau.

Acte Troisième

Même décor qu'à l'acte précédent. Soleil sur la terrasse. Au lever du rideau, deux commissionnaires guidés par Germain et portant une malle entrent par la vérandah du fond.

SCÈNE PREMIÈRE

GERMAIN, DEUX COMMISSIONNAIRES, puis ELENA.

GERMAIN.

Là, par ici... Faites attention à la table !
Les commissionnaires s'arrêtent un instant pour souffler.

PREMIER COMMISSIONNAIRE.

Dites donc, la dame qui s'en va, c'est ben la femme du grand brun, qu'est parti ce matin à sept heures ?

GERMAIN.

Oui, c'est sa femme.

PREMIER COMMISSIONNAIRE.

Ben vrai, on en a de l'excédent dans ce ménage !

DEUXIÈME COMMISSIONNAIRE.

C'est bien pour Paris, pour le train de dix heures et demie ?

GERMAIN.

Oui, dépêchez-vous, vous n'avez pas trop de temps.
Ils soulèvent la malle et sortent.

ELENA, *paraît un sac à la main, et boutonnant ses gants.*

Les bagages sont descendus, Germain?

GERMAIN.

Oui, Madame, et la voiture de Madame est avancée.

ELENA.

Merci! (*Elle lui remet une pièce d'or.*) Allez vite dire, je vous prie, à madame Gallardon que je voudrais lui parler tout de suite!

GERMAIN.

Bien, Madame.

Il sort.

SCÈNE II

ELENA, puis MADAME GALLARDON.

ELENA, *seule.*

Sainte Madone, quelle aventure! Mais puisqu'il le faut, que faire contre?

MADAME GALLARDON, *entrant par la gauche.*

Vous avez à me parler, Madame!

ELENA.

Si, Madame!... Oh! très court, quelques mots seulement... vous permettez?

MADAME GALLARDON.

Je vous écoute.

ELENA.

Voilà... J'ai eu tout à l'heure avec votre neveu,

M. Jacques, une conversation à propos de la scène d'hier soir, que vous connaissez, je pense, et cette conversation fait qu'il faut que je parte... Je ne discute pas les croyances de votre famille sur moi... Ces historiettes sont dédaignables absolument... Mais je dois vous dire quelque chose de grave. Votre neveu, M. Jacques, veut partir avec moi, après moi !

MADAME GALLARDON.

Lui ?

ELENA.

Justement, lui... Il est fou par la jalousie... Oh ! jalousie qu'il n'a pas le droit d'avoir, car j'étais pour lui rien qu'une amie, pas plus... Donc, M. Jacques veut me suivre où je vais... Et je vous préviens, pour vous autant que pour moi, car, — cela je n'ai pu le raconter à votre neveu, — ma vie est arrangée dans mon pays, sans lui, et cela la dérangerait puissamment s'il venait... Oh ! je sais bien, il est léger, M. Jacques, et variable... Il était dans une grande colère quand il m'a dit qu'il me suivrait... Et peut-être, il ne le disait pas sérieusement... Peut-être maintenant déjà il a changé d'idée... Ou peut-être il changera en route... Mais j'ai pensé plus prudent de vous avertir tout de suite... C'est chose utile pour nous tous les trois.

MADAME GALLARDON, glacialement.

Je tiendrai compte de votre avertissement, Madame... Mais, une seule question encore ?... Mon neveu devait-il partir par le même train que vous ?

ELENA.

Non, pas par le même, par celui après, par celui de midi et demi.

MADAME GALLARDON, même ton.

Cela suffit !... Adieu, Madame !

ELENA, avec impertinence.

Adieu donc, chère madame Gallardon!

Elle sort par la terrasse.

SCÈNE III

MADAME GALLARDON, puis GERMAIN, puis JACQUES.

MADAME GALLARDON, seule, consultant sa montre.

Dix heures et demie... J'ai deux heures devant moi... (Elle sonne.) Tâchons de bien les employer! (Germain entre.) Madame Danthoise est dans sa chambre?

GERMAIN.

Je pense que oui, Madame.

MADAME GALLARDON.

Et M. Jacques est auprès d'elle?

GERMAIN.

Le voici, Madame!

Jacques paraît à la porte de gauche, chapeau sur la tête, canne à la main. Léger mouvement de recul vite réprimé.

JACQUES.

Bonjour, ma tante!...

MADAME GALLARDON, très à l'aise.

Tiens, te voilà!... Comme cela se trouve! Je voulais justement te parler... Tu as le temps, n'est-ce pas?

JACQUES.

Peuh! ma tante, je sortais, et je....

MADAME GALLARDON, s'asseyant.

Si, moi je te dis que tu as le temps... (A Germain.) Laissez-nous... (A Jacques.) Assieds-toi... Nous sommes à l'aise pour causer. Solange et ton beau-père sont sortis et déjeunent à Villers... Personne ne nous dérangera ! (Un temps.) Il paraît qu'il s'en est passé de belles, hier soir, quand je n'étais pas là !...

JACQUES.

Ah ! on vous a dit ?...

MADAME GALLARDON.

Oui, et on m'a dit aussi que tu partais tout à l'heure rejoindre madame Lajiano.

JACQUES, se contenant.

Qui a pu vous dire ça ?

MADAME GALLARDON.

Madame Lajiano, elle-même.

JACQUES, même jeu.

Ah ! (Un temps.) Eh bien, effectivement, pourquoi, au fait vous le cacher ? J'ai promis à madame Lajiano, sur sa demande, que je la rejoindrais ce soir à Paris, pour l'aider à expliquer chez elle son brusque retour... Après une expulsion aussi prompte, je ne pouvais guère lui refuser cette galanterie.

MADAME GALLARDON.

Je suis forcé de t'avouer que madame Lajiano ne présentait pas les choses sous cet aspect... Elle m'affirmait, au contraire, que tu ne t'étais décidé au départ que sous l'empire de la jalousie, de la colère... Et elle ajoutait qu'elle se souciait peu d'être suivie par toi, sa vie étant arrangée là-bas, en Italie, de telle façon que ton arrivée ne pourrait qu'y jeter du trouble... Ce qui concorde assez, soit dit en passant, avec les renseignements de Paul.

JACQUES, se contenant encore.

En effet... Seulement, madame Lajiano s'est étrangement exagéré la portée de mon départ... J'ai pu mettre une certaine vivacité dans mes premières paroles de reproche... Mais l'entretien s'est terminé de la façon que je vous dis... Et je m'étonne beaucoup de ce que madame Lajiano vous a conté... Il doit y avoir un malentendu.

MADAME GALLARDON.

Probablement... Car nous nous trouvons en présence de deux versions absolument contradictoires... Mais, de toute manière, ne penses-tu pas qu'après la dénonciation plutôt équivoque de cette dame, tu es délié envers elle de tes devoirs de galanterie et que ta démarche auprès de M. Lajiano perd maintenant de sa nécessité... Une lettre courtoise, habile, en ferait très bien l'office, il me semble.

JACQUES, commençant à s'énerver.

Pas du tout, ma tante... Et puis, il s'agit bien de madame Lajiano!... Elle ne serait pas en cause, que je partirais quand même. J'étouffe dans cette maison, depuis hier... On m'a gâché mon été, ma joie, ma tranquillité... Je ne puis supporter l'idée de passer encore un mois dans cette atmosphère de scènes et de blâmes, face à face avec les mines solennelles de mon beau-père. C'est de sa faute aussi... J'ai toujours l'air de comparaître devant lui... Zut! (Un temps.) Non, je suis excellent garçon, vous le savez... Je regorge de bonhomie, d'esprit de conciliation... Je ne demande qu'à m'entendre avec tout le monde. Mais, quand, sans rime ni raison, on vient déranger mes plaisirs... Quand, à propos de rien, on se mêle de vouloir diriger ma vie, — tant pis, je casse tout, il faut que je me sauve, que je m'échappe... Je deviens le mauvais prisonnier qui cogne sur le gardien pour fuir, au risque du coup de fusil!

MADAME GALLARDON.

Eh bien ! va-t'en, si c'est ton désir, mais emmène avec toi Simone !

JACQUES, s'énervant de plus en plus.

Mais puisque je vous déclare que je veux être libre pendant quelque temps, respirer librement, demeurer seul avec moi-même... que je veux un congé... une permission... Sapristi, on en donne bien aux collégiens, aux fonctionnaires, aux pompiers !... Et moi, je n'y aurais pas droit ?

MADAME GALLARDON.

Tiens, veux-tu que je te parle franchement ? Tu ne me parais pas très bien fixé sur les motifs de ton départ !

JACQUES.

C'est ce qui vous trompe.

MADAME GALLARDON.

Soit, et combien de temps selon toi, durera ce prétendu congé ?

JACQUES.

Oh ! ma tante, excusez-moi, mais vous me posez des questions d'une puérilité inconcevable !... Est-ce que je sais, ce qu'il durera !... Un jour... quinze jours... un mois... Je vous fixerais une date que je mentirais... Je ne sais qu'un point, c'est que j'ai envie de partir, qu'il faut que je parte, et que je m'en vais !

MADAME GALLARDON

Et si tu ne revenais pas ?

JACQUES.

Et si je suis écrasé par une locomotive, et si je me prends le pied dans un ascenseur, et si l'obélisque me tombe sur la tête !... Ah ! voilà bien votre manie de pousser les choses au noir, au tragique !... Mais, grand Dieu, pourquoi ne reviendrais-je pas ?

MADAME GALLARDON.

Admettons que tu dises vrai, comment expliqueras-tu ton départ à Simone ?

JACQUES.

Comme je vous l'ai expliqué à vous-même.

MADAME GALLARDON.

Et tu supposes qu'elle te croira ?

JACQUES.

Elle me croira, parce qu'elle ne doute pas de moi.

MADAME GALLARDON.

Entendu... Nous allons tout de suite nous en convaincre !

Elle marche vers le fond.

JACQUES.

Où allez-vous, ma tante ?

MADAME GALLARDON.

Je vais appeler Simone.

JACQUES.

Pour quoi faire ?

MADAME GALLARDON.

Pour que tu lui annonces ton départ et que tu lui donnes tes raisons.

JACQUES.

Vous plaisantez ?

MADAME GALLARDON.

Pas le moins du monde ! Quoi ! tu aurais l'énergie de partir ainsi, et tu n'aurais pas le courage d'annoncer en face, à Simone, ta détermination ?

JACQUES.

Mais ma tante...

MADAME GALLARDON.

Ah ! c'est cela par exemple, qui m'inspirerait des doutes sur la sincérité de tes dires !... Réfléchis bien, de deux choses l'une : ou, en quittant la maison dans ces conditions bizarres, tu considères que tu fais un acte licite, explicable en somme, et rien ne peut t'empêcher de l'avouer... ou bien tu en as honte et...

JACQUES.

Raisonnement déplorable !... Quand on dit : de deux choses l'une, il y en a toujours une troisième, à laquelle on ne songeait pas et qui est la vraie, la bonne... Non, je n'ai pas honte... Mais je veux simplement nous épargner à Simone et à moi une explication peut-être pénible, et à coup sûr, inutile... Je lui écrirai affectueusement mes raisons et elle comprendra.

MADAME GALLARDON.

Dans ce cas, plus tôt elle les connaîtra, mieux cela vaudra pour nous tous !

Elle va de nouveau vers la sonnette.

JACQUES.

Mais que lui direz-vous ?

MADAME GALLARDON.

Reste ici... Tu le sauras. (Elle sonne.) Oh ! ce ne sera pas bien long ! (A Germain qui entre.) Priez Madame Danthoise de descendre immédiatement !

JACQUES.

Mais c'est absurde. Qu'allez-vous faire ?

MADAME GALLARDON.

Je vais faire ce que je ferais si j'étais la mère de Simone... Je n'ai pu tirer de toi aucun éclaircissement... Je te vois dans un énervement qui touche à la démence... Tu pars comme un fou, j'ignore quand tu reviens... Et tu voudrais qu'un instant de plus je me taise ?

6.

JACQUES.

Eh bien! soit, parlez donc... Dites ce qui vous plaira... Je ne suis pas un homme qu'on arrête par des menaces... Adieu...

Il sort d'un pas précipité par la terrasse. Madame Gallardon va à la baie et le regarde partir.

SCÈNE IV

MADAME GALLARDON, SIMONE.

SIMONE, *entrant par la gauche.*

Vous m'avez demandée?

MADAME GALLARDON.

Oui, ma chère enfant... Tu garderas tout ton calme, n'est-ce pas? Tu vas en avoir grand besoin.

SIMONE.

Pourquoi? Que se passe-t-il?

MADAME GALLARDON.

Il y a un instant, — oh! pour servir ses propres intérêts, — Madame Lajiano m'a avertie que nous eussions à retenir Jacques, car il se préparait à la rejoindre.

SIMONE.

Ah! mon Dieu!

MADAME GALLARDON.

J'ai aussitôt questionné ton mari... Je n'ai obtenu de lui que des réponses incohérentes... Et il est parti furieux... Mais, moi, je ne crois guère à la durée de cet élan... Jacques présentement ne sait plus bien ce qu'il fait. Il faut que tu profites de son désarroi pour le retenir!

SIMONE.

Par quel moyen ?

MADAME GALLARDON.

Il prend le train de midi et demi. Habille-toi. Viens avec moi à la gare... Et là, un mot de reproche tendre, une prière gentille suffiront pour le ramener, j'en ai la conviction.

SIMONE.

Inutile.

MADAME GALLARDON.

Qu'en sais-tu ?... Essaie !

SIMONE.

Impossible !

MADAME GALLARDON.

Pourquoi ?

SIMONE.

Je ne peux pas... Je n'irai pas.

MADAME GALLARDON.

Mais songe, s'il s'en va, qu'il peut retrouver cette femme, qu'elle peut se raviser, se mettre en tête de le garder, et alors, tu le perds pour toujours.

SIMONE.

Ah ! qu'il revienne ou non, il est déjà perdu pour moi !

MADAME GALLARDON.

Je t'en prie, viens là-bas tout de même ; tiens, ne serait-ce que pour constater sa fuite... La loi t'en donne le droit.

SIMONE.

A quoi bon ?... Est-ce qu'on se fait aimer par huissier ?... Je serai bien avancée quand je posséderai un papier timbré qui atteste mon malheur !

MADAME GALLARDON.

Ainsi, tu ne veux rien faire ?

SIMONE.

Parce qu'il n'y a rien à faire... (Elle se jette en sanglotant dans les bras de madame Gallardon.) Ah! ma chère amie, comme je souffre!

MADAME GALLARDON.

Ma pauvre enfant !

SIMONE.

Le misérable!... Moi qui l'adorais!... Moi qui ne vivais que par lui et pour lui !

MADAME GALLARDON.

Ne m'en veuille pas, Simone, mais si tu l'aimes tellement, pourquoi te refuses-tu à la démarche que je t'offre ?... Pourquoi t'obstines-tu à ne pas faire les quelques pas qui te rendraient son amour ?... Oh! va ! je devine bien en ce moment les révoltes de ton orgueil meurtri ?... Mais penses-y, Simone, as-tu le droit de te montrer si impitoyable pour un homme qui, avant ce jour, en somme, ne t'avait jamais trompée ?

SIMONE, éclatant.

Lui !... Mais vous ne savez donc pas que depuis huit ans il ne fait que cela, que depuis notre mariage, pas un jour ne s'est passé sans un mensonge, sans une trahison !

MADAME GALLARDON.

Tu le savais et tu te taisais !

SIMONE.

Il fallait bien que je me taise !

MADAME GALLARDON.

Pourquoi cela ?

SIMONE.

Parce que... Mais, me comprendrez-vous ?... J'avais dans ma détresse conçu un idéal, une sauvegarde dernière... Je voulais que Jacques me prît simplement pour une femme aveugle et crédule... Je voulais anéantir par mon silence toutes les vilenies qui étaient entre nous... Et notre pauvre amour, souillé, traîné dans la fange de toutes ses trahisons, je rêvais de feindre qu'il fût resté l'amour exquis et sans tache des premiers jours... C'était fou, n'est-ce pas?... C'était l'irréalisable!... Est-ce qu'on peut refaire de la pureté avec de la boue, du bonheur avec du mensonge?... Ah! tenez, je le hais, je le maudis, ce rêve insensé... Sans lui, peut-être encore j'aurais Jacques près de moi... Sans lui, je ne serais pas là à sangloter dans la misère de l'abandon.

MADAME GALLARDON.

Mais qui t'oblige maintenant à persister dans cet idéal, puisque tu le maudis toi-même ?

SIMONE.

Je le maudis, mais je ne le renie pas... Qu'importent les folies que m'arrache la torture ?... Je suivrai quand même jusqu'au bout le devoir que je me suis tracé.

MADAME GALLARDON.

Pourtant, si Jacques avait percé ta ruse... S'il n'avait été qu'à demi dupe de ton étrange patience?

SIMONE.

Ah! rassurez-vous!... Il se souciait bien qu'elle fût étrange ou non... Elle lui était commode, elle ne fatiguait pas son cerveau, elle ne dérangeait pas ses plaisirs... Il s'en serait persuadé, s'il n'y avait pas cru!... Pauvre diable!... Et dire que ce devait être cela l'aboutissement de huit années de passion et de martyre secret!... J'ai tout souffert, tout toléré... Je me suis faite partout son aveugle complice... J'ai joué à l'amie avec toutes ses maîtresses... J'ai simulé le bonheur devant toutes ses cruautés... Enfin, j'ai reçu cette femme ici, dans cette maison... La nuit, la nuit, elle était là à dormir au-dessus de notre tête... Et Jacques à mes côtés, je devinais, les yeux fermés, toutes ses pensées qui s'en allaient vers elle... Et je devais, le lendemain, chez moi, subir leurs regards qui s'appelaient, leurs gestes qui se frôlaient, ou leurs honteuses lassitudes... Je me taisais... Je laissais faire... Et cela ne leur a pas suffi... Et il a fallu qu'un matin, ils prennent la fuite comme des caissiers véreux, il a fallu qu'ils me volent mon tout petit reste de bonheur, comme des cambrioleurs, comme des escrocs qui volent une pauvresse!

   MADAME GALLARDON, tendrement.

Simone!

     SIMONE.

Partir! Partir! Voilà ce qu'ils ont trouvé!... Voilà leur remerciement à ma stupide faiblesse!... Non, je croyais avoir tout prévu... J'étais prête d'avance à tous les plus vils raffinements de trahison... Mais celui-là, non... je n'avais pas été jusque-là... Je ne pouvais pas aller jusqu'à imaginer ce chef-d'œuvre de lâcheté et de scélératesse!

    Elle tombe en sanglotant dans un fauteuil.

  MADAME GALLARDON, *passant derrière elle.*

Calme-toi, ma chérie... Sois courageuse!

     SIMONE.

Ah! si vous saviez comme je le suis! Si vous saviez tous les affreux souvenirs qui me ravagent la tête et le cœur!... Les parties au théâtre avec sa maîtresse dans ma loge ou dans une loge voisine, des quatre heures de sourires forcés en public, pour que personne ne pût seulement soupçonner et redire mes angoisses... Les retours de bal silencieux dans la voiture toute sombre où je le devinais si loin de moi, si prisonnier des visions qu'il rapportait de là-bas, que j'en aurais crié de souffrance... Les soirs enfin où il me rentrait de chez ces femmes, fourbu, énervé, saoul d'amour, avec des baisers d'ivrogne, oui, d'ivrogne, car il fleurait à pleine bouche leur parfum, à ces dames, comme un ivrogne sent le vin dont il vient de se gorger. Mais c'était de ses baisers encore, et je les recevais en souriant... Il était si gentil, malgré ses cruautés, si tendre quand il voulait, si charmant, si gai !... Avec un regard, un mot, une inflexion de voix, il apaisait toutes mes douleurs, il me rendait la vie... Et je ne le verrai plus... Je ne verrai plus son sourire, sa grâce, jamais... De tout cela, je n'aurai plus rien... Oh! Jacques! Jacques! Pourquoi?... Je ne veux pas... Je souffre trop!... Je l'aimais tant! Je l'aimais tant!

Elle se met à sangloter, la tête entre ses mains. Jacques paraît sur le seuil de la terrasse et fait signe à madame Gallardon de s'éloigner. Elle s'en va par la gauche. Jacques jette son chapeau et sa canne sur un canapé d'un geste ennuyé puis va se poster devant Simone.

SCÈNE V

SIMONE, JACQUES.

SIMONE, *relevant la tête et s'élançant vers Jacques d'un élan aussitôt contenu.*

Toi!...

JACQUES, souriant et ému.

Eh bien, ma pauvre Simone, qu'est-ce qu'il y a donc ?

SIMONE, se ressaisissant peu à peu.

C'est une discussion, une sottise. Ta tante qui me taquinait à propos de la scène d'hier soir... Et finalement, je me suis mise à pleurer comme une bête.

JACQUES.

Et que te disait-elle de si désobligeant, ma cruelle tante ?

SIMONE, cherchant ses mots.

Elle me disait... Elle me disait que... que j'avais eu tort, oui, c'est cela, que j'avais eu tort de prendre ainsi parti pour toi contre père... De réplique en réplique, la discussion s'est envenimée et alors...

JACQUES, lui posant la main sur le bras.

Alors, ne te fatigue pas... Oh ! tu mens très bien, ma petite Simone.. C'est très joliment fait... Mais c'est inutile désormais... J'ai tout entendu.

SIMONE, avec effroi.

Qu'as-tu entendu ?

JACQUES.

Tout le récit de tes souffrances et de mes torts... J'étais à deux pas, sur la terrasse...

SIMONE, même jeu.

Qui t'avait placé là ?

JACQUES.

Personne... Je rentrais en hâte, pris de regrets, épouvanté à l'idée du drame qui, peut-être, se passait ici par ma faute. Et en quelques mots, j'ai tout su.

SIMONE.

Tout ?... Alors, tu as tout entendu ? Ah ! la malédiction est sur moi !

JACQUES, d'une voix câline.

Mais pourquoi, puisque je suis là près de toi, tout près, plus près de ton cœur que jamais je n'ai été... Tu ne me crois pas?... Oh! tu me croirais si tu savais par quelles transes j'ai passé, les minutes de cauchemar fou que je viens de vivre. A mesure que tu parlais, à mesure que j'entendais les aveux de ta pauvre voix brisée, c'était comme une confrontation atroce... interminable. Un moment, je me suis aperçu dans une vitre... J'étais livide... les traits à l'envers... Jamais je ne me suis vu si laid...

SIMONE, sans l'entendre.

Tu sais tout!

JACQUES.

Heureusement que je sais tout!

SIMONE.

Heureusement!

JACQUES.

Mais oui... A ta première plainte, tu vois que je reviens. Si tu avais parlé plus tôt, qui sait si je ne te serais pas revenu de même... Et puis, ne suis-je pas à tes genoux, tout repentant et attendri?... Réponds, Simone... Je ne plaide pas... Je ne mens pas... Je constate des faits... Tu refuses de répondre?

SIMONE, comme se réveillant.

Non, Jacques, tu ne mens pas... Mais tout cela n'est rien... Il faut nous séparer.

JACQUES.

C'est sérieux ce que tu dis là?

SIMONE.

Très sérieux!... Un méchant hasard vient de renverser mon œuvre... Tu as entendu tout mon secret... Il faut nous quitter...

7

JACQUES.

Et ce sont là toutes tes raisons?

SIMONE.

Mais oui... Oh! je t'en prie, ne les discute pas, ne m'empêche pas de défendre le dernier lambeau de ma dignité de femme... Mon amour a déjà roulé assez bas... Il est temps que je l'arrête... Je ne peux plus être à toi... Ne me demande pas ce suprême sacrifice... Il est impossible... Il est au-dessus de mes forces.

JACQUES, tendrement.

Mais certainement si, que je te le demanderai.

SIMONE.

Et si je te le refuse?

JACQUES.

J'insisterai, très gentiment, comme c'est mon droit.

SIMONE.

Et si je me sauve?

JACQUES.

Je te rejoindrai par l'express suivant.

SIMONE.

Tu ne voudrais pas, je suppose, employer la violence pour me reprendre?

JACQUES, l'attirant dans ses bras.

En aurais-je besoin? Mais tu sais bien que non, ma petite Simone... Tu sais bien, même en ce moment où tu divagues, que tu es à moi, — et que tu seras à moi chaque fois que je voudrai, c'est-à-dire toujours.

SIMONE.

Tu as raison, tu es le plus clairvoyant de nous deux. Tu connais mieux que personne tout ton pouvoir sur moi... Il faudra donc pour y échapper que je découvre un autre moyen que la fuite...

JACQUES.

Hum! tu auras de la peine... Mais supposé même que tu le trouves, crois-tu qu'il te donnera le bonheur que tu cherches?

SIMONE.

Je ne cherche pas le bonheur... Je n'en puis plus avoir...

JACQUES, la serrant contre lui doucement.

Tu oses dire cela maintenant dans mes bras, quand je te sens toute à moi, toute frémissante d'amour?...

SIMONE, essayant de se dégager.

Laisse-moi, Jacques... si tu m'aimes; laisse-moi, je t'en supplie...

JACQUES, la retenant.

Mais, ma petite Simone, si je te prenais au sérieux, ce serait, excuse-moi, à te faire enfermer... Seulement, tu as la chance, l'incomparable chance d'avoir affaire à un homme de cerveau rassis, et qui, à défaut d'autres qualités, possède le sens du réel, le sens de la vie... Eh bien! cet homme-là qui t'aime, te ramènera bon gré mal gré dans la vérité, autrement dit dans le bonheur... Tu y reviens de toi-même, d'ailleurs... Vois-tu, il est des attitudes qu'on ne peut garder au delà d'un certain temps... La vie vous force à les quitter... Ainsi, tiens, dans l'Inde, il y a des fakirs qui vous restent dix ans avec les bras en l'air, comme cela... Eh bien! un beau jour, la fatigue les saisit et ils lâchent froidement leur posture... Tu étais comme eux, et comme eux tu baisses les bras... Mais ce n'est pas déshonorant, je t'assure... (Il l'embrasse.) As-tu compris, mon petit fakir.

SIMONE.

Oui, oui, j'ai très bien compris.

Elle marche vers la droite.

JACQUES.

Où vas-tu?

SIMONE.

Je vais prendre quelque chose, là... La tête me brûle affreusement.

JACQUES.

Mais veux-tu bien ne pas bouger! (Allant prendre la pharmacie et l'apportant.) De l'éther, de l'antipyrine?...

SIMONE, désignant le chloroforme.

Non! j'ai trop mal!... De cela!

JACQUES.

Du chloroforme?... Tu y tiens... Mais deux gouttes seulement... (Il les lui verse sur un mouchoir qu'il lui tend.) Te sens-tu mieux?

Il la prend dans ses bras.

SIMONE.

Oui, je ne sais pas... merci...

JACQUES.

Tu n'as plus tes vilaines idées?... Tu es heureuse?
Il l'enlace plus étroitement et veut l'embrasser.

SIMONE, implorante.

Oh! Jacques! non, non, laisse-moi... Crois-moi, ce n'est pas le passé qui nous sépare... C'est l'avenir, l'effroyable avenir!... Quoi que tu m'aies fait, je te le pardonne... Mais me vois-tu, ce soir, dans tes bras et sous ton regard qui sait tout de moi, toutes mes faiblesses, toutes mes lâchetés, toutes mes viles complaisances?... Non, non, c'est impossible... N'abuse pas d'être le plus fort, ne me fais pas tomber dans ces hontes!...

JACQUES, la serrant contre lui.

Méchante, méchante!... Je ne t'écoute même pas.. Je t'aime, je t'ai et je te garde!

Il l'embrasse ardemment sur les lèvres.

SIMONE, à mi-voix et défaillante.

Grand Dieu !

JACQUES.

Et maintenant, ma petite Simone, c'en est fini de tout cela, n'est-ce pas ? Il ne faut pas que tu restes ici... Nous allons rejoindre Solange et ton père à Villers... Va t'habiller... Moi, je cours donner l'ordre qu'on attelle...

Il sort par le fond.

SCÈNE VI

SIMONE, puis JACQUES.

SIMONE, seule avec accablement d'abord, puis avec une fébrilité croissante.

Quelle tristesse ! Ah ! quand on aime, on ne devrait pas avoir d'âme !... (Elle se laisse tomber sur une chaise longue.) Quelle servitude ! Être tenue ainsi et ne pouvoir se dégager ! Rouler chaque jour plus bas dans le mépris de soi-même !... Non ! non ! je n'y résisterai pas... Je ne pourrai pas... Oh ! j'ai trop mal !... Ma tête éclate !... (Elle saisit le flacon de chloroforme, resté à sa portée et le renverse sur son mouchoir qu'elle porte à ses narines.) Ah ! oui, un peu de douceur, un peu d'apaisement ! (Elle aspire de nouveau longuement.) Oublier un peu... Ne plus souffrir ! (Même jeu, puis d'une voix qui baisse graduellement:) Oui, c'est cela, s'en aller, ne plus sentir son âme... Ne plus être... disparaître... Je l'adore...

Elle tombe la tête contre le dossier de la chaise longue, le visage enfoui dans son mouchoir.

JACQUES, entrant.

Eh bien ! Simone, tu viens ? Comment, tu n'es pas

prête?... Tu pleures encore?... (Un silence. Il va à elle et veut la prendre dans ses bras. Il la sent inanimée et comme paralysée. Il aperçoit dans ses mains le mouchoir imbibé de chloroforme, tente vainement de l'arracher à ses doigts crispés, puis brusquement il la laisse retomber en balbutiant avec terreur :) Simone!... Simone!... Ma petite Simone!

FIN

VARIANTE

Acte III

SCÈNE VI

SIMONE, puis JACQUES.

SIMONE, seule, avec fébrilité.

Quelle servitude!... Quelle honte!... Être tenue ainsi!... Et ne rien pouvoir pour se dégager!... Et accepter lâchement cette vie abominable!... Non, non, c'est impossible... Il ne faut pas que cela soit! (Elle marche vers la pharmacie et saisit le flacon de chloroforme. — Avec accablement :) Quelle tristesse!... (Elle verse le chloroforme sur son mouchoir et l'aspire longuement.) C'est cela... mourir, s'en aller, ne plus sentir son âme, ne plus être, disparaître... Je l'adore!...

JACQUES, entrant par la gauche.

Eh bien, voyons, Simone tu n'es pas prête?... (Il aperçoit le mouchoir au visage de Simone et l'arrachant vivement :) Du chloroforme!... (Un temps.) Qu'est-ce que cela signifie?... Tu voulais mourir, finir en héroïne de roman?... C'est insensé!... C'est criminel!... Mais j'étais là!

SIMONE, *gravement.*
Partie remise, Jacques!

JACQUES, *l'enlaçant et très tendrement.*
Nous verrons bien!

Rideau.

Cher Maître

COMÉDIE EN TROIS ACTES EN PROSE

Représentée pour la première fois, le 8 Juin 1911,
à la *Comédie-Française*.

A GASTON CALMETTE

Mon cher directeur et ami,

Faute d'avoir pu, l'année dernière, vous dédier un recueil d'articles, qui étaient déjà un peu votre bien, tant y avaient eu de part votre fine expérience et vos ingénieux conseils, permettez-moi d'inscrire aujourd'hui votre nom en tête de cette comédie.

Ce sera une façon de vous dire que dans mon affectueuse gratitude l'auteur ne se sépare pas du chroniqueur, et que ni l'un ni l'autre n'oublient tout ce qu'ils doivent à votre amitié.

F. V.

PERSONNAGES

FRÉDÉRIC DUCREST, avocat, 45 ans.   MM. Maurice de Féraudy.
AMÉDÉE LAVELINE, avocat, 26 ans..   Jacques Guilhène.
GRELU, homme d'affaires, 50 ans.....   Ravet.
HUREPOIX, financier, 50 ans.........   Numa.
BOUCHOTTE, peintre, 43 ans........   Lafon.
LEBREJEAT, clubman, 38 ans........   Worms.
ROUMIER, historien, 45 ans..........   Le Roy.
JALADON, philosophe, 48 ans........   Décard.
ADOLPHE, domestique ....   Chaize.
L'ORATEUR ....   Reynal.

HENRIETTE DUCREST, 33 ans ......   Mme Lara.
VALÉRIE SAVREUSE, 28 ans ....   G. Robinne.
MADAME BOUCHOTTE, 35 ans......   S. Devoyod.
MADAME PATINEL, 25 ans...........   B. Bovy.
MADAME HAUBOURDIN, 30 ans.....   J. Faber.
JULIE, femme de chambre............   Faylis.

COTTREAU, personnage muet.
DEUX JEUNES AVOCATS, personnages muets.
CHEVRIER, personnage muet.

Acte Premier

Le cabinet de travail de Ducrest. Une vaste pièce élégamment meublée. Au fond, porte à deux battants s'ouvrant sur une galerie luxueuse. A droite, au fond, porte simple. Tableaux, bronzes qu'on devine avoir été offerts en cadeaux. Nombreux rayons chargés de livres bien reliés. Larges fauteuils de cuir. A gauche, premier plan, importante table-bureau. A droite, guéridon devant une haute cheminée où un feu de bois brûle. A gauche, de biais, au fond, un bureau à cylindre, surmonté de tiroirs et chargé de paperasses, dossiers, etc.

SCÈNE PREMIÈRE

HENRIETTE, ADOLPHE, puis DUCREST, ROUMIER, JALADON, BOUCHOTTE, COTTREAU, MOUGINS, MURIER, LAVELINE, LEBREGEAT, MADAME PATINEL, puis HUREPOIX.

Au lever du rideau, Adolphe entre par le fond portant le café sur un plateau d'argent. Il va poser son plateau sur le guéridon de droite et dispose les tasses, les cigares, etc. Henriette entre par le fond, toilette de dîner.

HENRIETTE.
Eh bien, tout est prêt, Adolphe?
ADOLPHE.
Oui, madame.

HENRIETTE, jetant un coup d'œil sur le guéridon.

Les cigares... les liqueurs... Bon. Vous mettrez quelques bûches. On gèle. (Entrent en causant les messieurs et madame Patinel.) Là, messieurs. Vous voilà servis et tâchez de vite nous revenir. (A Ducrest.) Tu n'as pas besoin de moi ?

DUCREST, sèchement.

Mais non, mais non, tu vois bien que non. (Elle sort au fond.) Vous m'excuserez de vous recevoir ici? Mais, dans le fumoir, les conduites du radiateur ont claqué de froid, cette nuit. En plein mois de mai, où allons-nous?

BOUCHOTTE.

Avec un bon poêle d'atelier au lieu de tes appareils modern-style, voilà qui ne t'arriverait pas.

ROUMIER.

Moi, je suis plutôt pour le feu de bois, le vieux feu de bois de nos pères.

BOUCHOTTE.

Cependant un de mes amis a inventé un certain petit système à gaz... La perfection! Cela se compose d'un aspirateur...

Ils remontent en causant chauffage vers les liqueurs.

DUCREST, redescendant vers madame Patinel, trois boîtes de cigarettes à la main.

Egypte ? Russie ? Amérique ?

MADAME PATINEL, prenant une cigarette que Ducrest allume.

Je n'ai pas de préjugés.

Madame Patinel fait d'infructueux efforts pour tirer une bouffée et s'étrangle à moitié.

DUCREST.

Dites donc, petite madame, vous ne m'avez pas l'air de première force sur la cigarette ?

MADAME PATINEL.

Vous ne le répéterez pas. J'ai horreur de fumer.

DUCREST, saisissant un in-8 sur la table et le précipitant dans un tiroir.

Alors ?...

MADAME PATINEL.

Alors, qu'est-ce que je fais ici ? Dame, moi cela m'amuse d'être au milieu de vos amis, au milieu de tous ces gens connus. Cela me fouette. Seulement, je mêle tous les noms. Est-ce curieux !

DUCREST.

Nullement. Quand vous aurez dîné deux fois ici, vous vous y retrouverez toute seule.

MADAME PATINEL.

Vous croyez ?... C'est étonnant comme vous êtes simple, bon enfant, pour un homme célèbre ! Le jour où mon mari m'a annoncé que vous plaidiez pour lui dans son affaire des cuivres, je l'ai presque grondé. Je prévoyais avec vous des tas d'ennuis.

DUCREST.

Oh ! pourquoi donc ?

MADAME PATINEL.

Tiens, je ne vous connaissais que par vos photographies, où vous n'avez pas l'air d'un monsieur commode : les bras croisés, la mâchoire en avant, et des yeux qui semblent dire : « Viens-y donc ! »

DUCREST.

Tandis que, comme cela, qu'est-ce qu'ils disent, mes yeux?

MADAME PATINEL.

Oh ! la même chose, mais en plus câlin : « Viens-y donc ! »

DUCREST.

Vous êtes un petit bout de femme extrêmement comique.

MADAME PATINEL.

Parce que vous ne me faites pas peur. Alors je me livre... Ecoutez : nommez-moi donc vos amis. Comment s'appelle le grand là-bas, blond pâle, avec une tête de chèvre au piquet ?

DUCREST.

C'est mon ami Roumier, de l'Académie française.

MADAME PATINEL.

Il a écrit des romans, n'est-ce pas ?

DUCREST.

Non, des livres d'histoire.

MADAME PATINEL.

Ah ! dame, que voulez-vous, je suis si peu littéraire ! Avec un mari dans l'industrie, c'était fatal. Pour lui, tous ceux qui écrivent, des poseurs !

DUCREST.

Il n'a pas absolument tort.

MADAME PATINEL.

Et le grand sécot, là, à droite ?

DUCREST.

C'est mon vieux camarade Cottreau, le général Cottreau... le pacificateur du Transsahara. L'homme âgé qui lui parle, c'est un jeune : Chevrier, l'auteur du ballet qu'on joue en ce moment à l'opéra. Le gros, à côté, avec une bonne figure, c'est mon vieux Bouchotte.

MADAME PATINEL.

Un peintre, n'est-ce pas ? Celui qui fait toutes les

femmes avec des moustaches violettes et des narines oranges?

DUCREST.

C'est cela même. Quand je vous disais que cela viendrait ! Enfin, le monsieur à barbiche grise, c'est Jaladon.

MADAME PATINEL, triomphalement.

Un chirurgien !

DUCREST.

Non, un philosophe, un des maîtres de la pensée contemporaine, l'auteur d'un livre fameux : *la Substance et le Non-être devant la science moderne*. Je parierais que vous n'avez pas lu ?

MADAME PATINEL, confuse.

Non.

DUCREST.

Mais qu'est-ce que vous lisez, mon enfant ? D'ailleurs, je vous dirai que ce n'est pas non plus mon livre de chevet. (S'approchant de la table.) Un peu de café ?

MADAME PATINEL.

Tout à l'heure. D'abord, un gros secret à vous dire : j'ai été vous entendre plaider.

DUCREST.

Vous ? Quand cela ?

MADAME PATINEL.

Cela vous renverse, hein ? L'autre mois, le jour où vous avez plaidé en appel le divorce de cette personne si jolie... Attendez donc...

DUCREST.

Madame Savreuse ?

MADAME PATINEL.

Parfaitement, madame Savreuse. C'est une amie

qui m'avait emmenée. J'en mourais d'envie depuis longtemps, et je vous promets que je n'ai pas regretté le voyage. Non, ce que vous parlez bien !

####### DUCREST.

Vous êtes tombée sur un bon jour.

####### MADAME PATINEL.

Allons donc ! On sent que chez vous cela doit toujours être le bon. Mais ce que j'ai préféré peut-être dans votre plaidoirié, c'est le portrait du jeune Chantaud, l'amant de cette madame Savreuse. J'en connais tant comme ça, de ces petits fêtards, qui, tout à coup, en auto, en aéroplane, vous deviennent des héros, et qui vous risquent tous les jours leur vie comme ils tiendraient un banco de cent louis : c'était si vrai, si poétique !

####### DUCREST.

Oh ! vous savez, dans les plaidoiries, on idéalise toujours un peu.

####### MADAME PATINEL.

Non, je vous assure, tout à fait le type. Et puis, votre voix, c'est cela aussi qui m'a ravie.

####### DUCREST.

Ah ! bah !

####### MADAME PATINEL.

Ravie. A la ville, vous avez certainement une voix sympathique ; mais quand vous plaidez, c'est bouleversant. J'en étais pâle, comme quand on entend de la belle musique. Est-ce que quelquefois on ne vous écrit pas, après ?

####### DUCREST.

Qui ça ?

####### MADAME PATINEL, baissant les yeux.

Des femmes.

DUCREST.

Cela a pu m'arriver.

MADAME PATINEL.

J'en étais sûre. Par exemple, vous avez bien arrangé le mari. Vous avez un esprit, quand vous voulez. Je riais ! Je riais ! Tenez, je me suis juré que si je divorçais jamais, je n'aurais pas d'autre avocat que vous.

DUCREST.

Bah ! Ce ne sera pas de sitôt, avec un joli homme comme votre mari.

MADAME PATINEL, fixant Ducrest.

Oh ! ce ne sont pas toujours les plus jolis qui plaisent !

DUCREST.

Vous avez vraisemblablement voulu me dire quelque chose de très flatteur ?

MADAME PATINEL.

Tiens !

DUCREST.

Tout est là. Et je vous remercie.

Un temps.

MADAME PATINEL, avec un soupir.

Et puis, quoi, c'était à prévoir !

DUCREST.

Quoi donc ?

MADAME PATINEL.

Bah ! je me doutais bien qu'un homme dans votre situation, vous deviez être très sollicité. Mais tant pis, cela m'a soulagée ; c'est comme si je vous avais mis une lettre à la boîte : elle arrivera quand elle pourra. N'est-ce pas, on ne sait ni qui vit ni qui meurt...

DUCREST.

Heureusement.

MADAME PATINEL.

Alors, peut-être un jour, par hasard... La vie est si drôle !

DUCREST.

Mais parfaitement. Vous avez sur ces questions des idées du plus grand bon sens.

MADAME PATINEL.

Maintenant, occupez-vous de vos amis. Nous finirions par marquer.

DUCREST.

Très juste.

Elle sort pendant qu'il s'approche du groupe de droite.

ROUMIER, redescendant avec Jaladon.

Enfin, tenez, mon cher Jaladon, un exemple de son charme, de son ingéniosité. Vous avez peut-être entendu à dîner que Ducrest me parlait de mon dernier livre sur la justice féodale au quinzième siècle ?

JALADON.

Et ma foi en excellents termes.

ROUMIER.

Eh bien, ma conviction à moi, c'est que Ducrest n'avait pas ouvert le livre. Il n'y a pas à dire, c'est du joli travail.

JALADON.

Oh ! mais, mon cher, je ne nie pas chez lui les qualités de grâce, de séduction, je dirai même de puissance, seulement vous me concéderez bien que ce n'est pas un penseur.

ROUMIER.

Heureux ceux qui ne pensent pas, cela prouve qu'ils agissent.

JALADON.

L'homme d'action, pour être grand, a tout de même besoin d'un peu d'idéal.

ROUMIER.

Il a surtout besoin de ce qu'on appelle aujourd'hui « la classe », cette sorte de supériorité native qui ne s'acquiert pas — une tournure spéciale dans l'esprit, dans le caractère, dans le geste, enfin tout ce qui fait des gens comme Ducrest, des hommes à part et au-dessus des autres.

DUCREST, se rapprochant.

On peut entrer? Vous avez fini de débiner?

ROUMIER.

Pour Jaladon, je ne m'engage pas, mais moi j'ai encore un petit mot à te dire.

Jaladon remonte.

DUCREST.

Parle sans crainte.

ROUMIER.

Voilà. Tu as vu dans les feuilles du soir que Leboullard, mon collègue de l'Académie, était mort ce matin?

DUCREST.

Oui, ce pauvre Leboullard! Hein? Moi qui avais dîné avec lui, il n'y a pas huit jours. C'est égal, cela se dégarnit rudement à l'Académie, depuis quelque temps!

ROUMIER.

Six en quatre mois. Depuis Richelieu on n'avait pas vu cela.

DUCREST.

Dis donc, est-ce que les locaux sont bien sains? Non,

mais je t'assure... Enfin, ce pauvre Leboullard, en voilà un qui pouvait se vanter de n'avoir aucun talent !

ROUMIER.

Un conseil : ne le crie pas trop haut.

DUCREST.

Je vais me gêner !

ROUMIER, poursuivant.

Parce que tu pourrais, sous peu, être appelé à dire publiquement le contraire. Oui, cet après-midi, il a été fortement question de toi à l'Académie.

DUCREST.

Ah ! je vois, vous en êtes aux entrées de faveur.

ROUMIER.

C'est-à-dire que nous refusons du monde. Mais, en ce qui te concerne, crois-moi, tiens compte de ce que je t'ai dit.

DUCREST.

Tu n'es pas sérieux : moi, Ducrest, un avocat, pour remplacer Leboullard, un professeur ?

ROUMIER.

C'est le nouveau jeu. Nous ne sommes jamais si contents que lorsque nous pouvons mettre un homme politique sur le fauteuil d'un poète, ou un vaudevilliste sur le siège d'un numismate.

DUCREST.

Ah ! les petits farceurs !

ROUMIER.

Et puis, tu as du charme, tu plais. En plus, représentatif, situation considérable au palais, ancien bâtonnier, ancien ministre, et tout cela à quarante-cinq ans ; ça fait des titres.

DUCREST.

Si c'est comme petit prodige, évidemment j'ai quelques chances. Soit, nous en recauserons. Cela ne presse pas, je suppose?

ROUMIER.

Mais non, quand tu voudras.

DUCREST, après réflexion.

Eh bien, je viendrai demain matin. (Marchant à la rencontre d'Hurepoix.) Eh! bonjour, monsieur de Hurepoix.

HUREPOIX, lui serrant la main.

Pourquoi, cher maître, m'appelez-vous toujours M. de Hurepoix?

DUCREST.

Mais parce que votre nom est celui d'une de nos vieille provinces de France et que la particule lui sied à ravir.

HUREPOIX.

Ah! bon!... Madame Ducrest m'a permis de venir en griller une.

Il allume une cigarette.

DUCREST.

Je suppose bien.

HUREPOIX.

Mais je serais volontiers resté au salon. Mâtin, ce soir, ce n'est pas la jolie femme qui manque.

DUCREST.

Peu! une chambrée honorable, sans plus.

HUREPOIX.

Bah! Tout le monde n'a pas vos exigences, heureux homme.

DUCREST.

Oh! il ne faudrait pas croire...

HUREPOIX.

Taisez-vous donc, ce matin encore, au cercle, il y avait quelqu'un qui ne tarissait pas sur vos succès. Et si vous saviez qui, vous ririez bien.

DUCREST.

Dites ?

HUREPOIX.

Mais naturellement le jeune Chantaud, le petit sardinier, enfin l'ami de la belle madame Savreuse... C'est toujours comique.

DUCREST, froidement.

Je ne vois pas en quoi.

HUREPOIX, gêné.

Soit... Alors, parlons sérieusement. Voyons cher maître, pour notre affaire, avez-vous pris une décision ?

DUCREST.

Hélas, mon cher Hurepoix, j'ai bien réfléchi, il m'est matériellement impossible de plaider pour vous.

HUREPOIX.

Vous badinez ?

DUCREST.

Je vous affirme. J'ai posé des chiffres, j'ai rapproché des dates, je suis débordé. Jusqu'à la fin juillet, pas une minute à moi.

HUREPOIX.

Nom d'un bonhomme, cher maître, vous me mettez dans de beaux draps. Moi qui avais promis votre concours au conseil d'administration. Voyons, si vingt mille francs vous paraissent un peu courts, je suis persuadé qu'on irait jusqu'à vingt-cinq mille... jusqu'à trente.

DUCREST.

Eh ! ça m'ennuie autant que vous, je vous le jure. Ce n'est pas que cette affaire de mines de Calvarossa soit précisément facile... Il y a eu là des gabegies que vous savez aussi bien que moi. Mais tout de même je la sentais cette affaire, je l'aurais plaidée en me jouant. Enfin, que voulez-vous ? Il n'y a pas que moi au Palais. Seulement, dans une aventure aussi délicate, choisissez bien votre avocat : quelqu'un d'influent, un député, un ancien ministre. Les magistrats aiment cela ; c'est ce qu'il vous faut.

HUREPOIX.

Mais vous étiez précisément le rêve : ancien député, ancien ministre.

DUCREST.

Ouais ! Par curiosité... Une législature comme je me serais offert une villégiature. Et cela m'a amplement suffi. Donc à cet égard, pas de regrets. Pour les juges, politiquement parlant, je n'existe pas.

HUREPOIX.

Tenez, mon maître, je n'irai pas par quatre chemins : voulez-vous quarante mille ? C'est un chiffre, cela.

DUCREST, ricanant.

Vous êtes inouï !... (Un petit temps.) Ecoutez, quand vient votre affaire?

HUREPOIX.

Fin du mois prochain.

DUCREST.

De sorte qu'avec une ou deux remises, nous pourrions atteindre la rentrée.

HUREPOIX.

Indubitablement. Mais je vous rappelle que pour

plaider, au point de vue technique, il serait utile d'étudier un peu la question sur place, en Italie, à Calvarossa même.

DUCREST.

Si j'y allais fin août, cela suffirait?

HUREPOIX.

Largement. En huit jours vous aurez tout vu.

DUCREST.

Eh bien, adjugé! Vous faites de moi tout ce qu'il vous plaît. Je renoncerai à mes vacances, tant pis.

HUREPOIX, avec une joie dissimulée.

Alors je peux annoncer au conseil?

DUCREST.

Oh! engagement ferme. D'ici là, je vais vous aboucher avec un de mes secrétaires qui me cuisinera les premières besognes. Voyons, Mougins?... Non, Mougins est sur ses boulets et Vichy le guette. Murier? Non, il a un stage de réserve en juillet et Deauville en août. Je vais vous donner le petit Laveline, un bûcheur.

HUREPOIX.

Laveline? Un parent du sénateur?

DUCREST.

Aucun rapport. Non, le père, un vieux camarade d'enfance, était simplement receveur de l'enregistrement à Lille. A sa mort, il y a deux ans, le petit, qui venait d'être reçu stagiaire, m'a demandé de le pousser un peu au Palais. Bonne tenue, bonne impression, et je l'ai gardé comme secrétaire. Alors, vous comprenez, je l'ai dans la main comme cela. Il se jetterait au feu pour moi. Et puis, je vous dis, un bûcheur, un débrouillard, enfin, quelqu'un. Vous verrez, vous serez content. (Appelant.) Laveline.

LAVELINE.

Mon cher maître?

DUCREST, présentant.

Mon secrétaire, Amédée Laveline... M. Hurepoix, administrateur délégué des mines de Calvarossa. (A Laveline.) Voilà, mon petit Laveline, je me décide à plaider pour ces messieurs, et c'est vous que je charge de la mise en train.

LAVELINE.

A vos ordres, cher maître.

DUCREST.

Alors, autant ne pas traîner. Prenez donc tout de suite rendez-vous avec M. Hurepoix.

Il remonte.

HUREPOIX.

Dans ce cas, monsieur Laveline, que diriez-vous de demain matin, vers dix heures, à la société?

LAVELINE.

Très volontiers, monsieur.

HUREPOIX.

Voilà donc qui est convenu. Je serai charmé de travailler avec vous.

LAVELINE.

Mais mon plaisir ne sera pas moindre, cher monsieur. Pour qui sait y regarder de près, ces grands procès d'affaires sont si passionnants. Et puis je vois tellement la plaidoirie de M. Ducrest, tout ce qu'il y mettra de vie, de poésie, de mouvement... Ce sera étourdissant ! (A Hurepoix qui sourit.) Mon emballement vous amuse?

HUREPOIX.

Mais non, je trouve cela très gentil. Je vois que vous aimez beaucoup votre patron.

LAVELINE, avec élan.

Oh! monsieur, il est tout pour moi!

DUCREST, se rapprochant.

Eh bien, nous sommes d'accord?

HUREPOIX.

La grande sympathie. (Bas.) Il est charmant!

DUCREST.

Qu'est-ce que je vous disais? (Aux autres.) Maintenant, messieurs, sans vous commander, si ces dames ne vous effraient pas trop...

SCÈNE II

Les Mêmes, HENRIETTE, VALÉRIE.

HENRIETTE, ouvrant la porte du fond et entrant suivie de Valérie.

Par ici, chère madame.

DUCREST, se retournant, et avec élan.

Madame Savreuse! La bonne surprise! (Présentations.) Et sans reproche, qui nous vaut le plaisir?

VALÉRIE.

Mais ce pneumatique que je viens de recevoir de l'avoué, comme je partais en soirée. Il paraît que mon mari soulève des difficultés concernant la pension alimentaire, et M. Richot me prie de vous voir le plus tôt possible. (Tendant le papier à Ducrest.) Du reste, je n'ai pas très bien compris. Lisez.

DUCREST.

Je crois bien, mais comment donc, il a archi-raison, il n'y avait pas une minute à perdre. (Lui approchant un fauteuil.) Tenez, je vais vous expliquer. L'espèce est plutôt ardue. Bien entendu, votre divorce demeure acquis, et le jugement reste définitif. Cependant, au point de vue de la pension...

> Peu à peu, discrètement, les autres personnages sont sortis par le fond vers le salon, et soudain Ducrest et Valérie se trouvent seuls. Ducrest va au fond refermer la porte que l'on avait laissée ouverte, puis redescend.

SCÈNE III

VALÉRIE, DUCREST, puis MURIER.

DUCREST, *rangeant le petit bleu dans sa poche.*

Vous savez, ma chérie, que cette petite histoire ne présente aucune gravité. En cinq minutes, un de mes secrétaires vous arrangera cela.

VALÉRIE.

Je m'en doutais. Mais il fallait que je vous voie ce soir, que je vous raconte ce qui s'est passé tantôt...

DUCREST.

Oh! mon amie, de grâce! Vous n'avez pas pu venir cet après-midi à notre petit appartement. Vous n'êtes pas venue. La raison? Chantaud, n'est-ce pas? Toujours Chantaud, l'éternel Chantaud! Alors, ce qui a pu se passer ou non...

VALÉRIE.

Vous ne voulez pas que je vous dise?

DUCREST.

Mais non. Ne parlons donc plus de Chantaud. C'est dans notre amour le point douloureux, l'écharde. N'y touchons pas. Cela envenimerait.

8.

VALÉRIE.

Mais non, le véritable point douloureux, c'est qu'un homme comme vous ne peut pas supporter l'ombre de concurrence. Ce que je comprends, du reste.

DUCREST.

Oh! sans aller si loin, je ne dis pas qu'il n'y ait pas quelque chose d'un peu baroque dans cette concurrence entre un homme comme moi, Ducrest, et ce *minus habens*...

VALÉRIE.

Plait-il?

DUCREST.

Un terme de droit, comme qui dirait ce gamin, ce gigolo. Evidemment, cela peut paraître risible, paradoxal. Mais qu'y faire? Non, ne parlons plus de Chantaud, je vous assure. Il représente pour vous le brillant avenir, une fortune princière, un mariage qui vous reclasse. Dans un an, vous serez sa femme. Comment voulez-vous que je lutte?

VALÉRIE.

Vous ne vous figurez pas comme vous m'amusez.

DUCREST.

Tant mieux. C'est mon rôle près de vous et ma fonction. Le jeune Maxime en a probablement d'autres.

VALÉRIE.

Oh! si vous saviez, mon cher, comme le physique pour moi...

DUCREST.

Oh! non, pas de banalités. Ne venez pas me dire que le physique ne compte pas. D'abord, ce serait vexant pour le mien qui a déjà su ne pas déplaire et qui espère bien continuer. Mais n'empêche qu'esthétiquement parlant, pour le galbe, la ligne, à côté du jeune Chantaud, avec sa moustache de quatre liards, sa taille de demoiselle, ses pectoraux d'athlète, tout de même mon physique à moi, mes quarante-cinq ans... hum!... Et puis, de grandes qualités, ce garçon : la bravoure, la jeunesse, l'entrain, un certain bagout... Voilà pourquoi vous n'êtes pas venue tantôt.

VALÉRIE.

Ah! par exemple...

DUCREST.

Mais parfaitement. Ça s'appelle à Paris le partage. Au premier occupant, la plus grosse part. A l'autre, ce qui reste. C'est dans l'ordre. Je n'avais qu'à ne pas arriver si tard. Ah! Valérie, si je vous avais connue il y a seulement trois ans, si je vous avais connue quand vous étiez encore libre, quand vous étiez mariée!

VALÉRIE.

Eh bien?

DUCREST.

Eh bien, je vous faisais divorcer, mais à mon profit, cette fois. Et alors, liberté complète. Plus personne entre nous. Ma femme? Comme si vous ne saviez pas qu'elle ne tient qu'à un fil. Oh! une très bonne créature, affectueuse, dévouée. Je reconnais qu'au début de notre mariage, elle était tout à fait à hauteur de sa tâche. Mais aujourd'hui, est-ce la compagne qu'il me faudrait? A-t-elle l'envergure, l'autorité de la situation que je lui ai faite? Non, non, la vérité c'est qu'à chaque échelon de leur carrière, certains hommes devraient avoir droit à une femme nouvelle. Et sans aller plus loin, toutes proportions gardées, voyez Napoléon. Après Joséphine, Marie-Louise. Et quelle Marie-Louise vous auriez été avec votre beauté, votre éclat, votre prestance! Quel couple nous faisions! Quelle main-mise sur Paris! La belle madame Ducrest par ci, la belle madame Ducrest par là .. Hein, croyez-vous?

VALÉRIE..

Euh! vous ne vous emballez pas un peu?

DUCREST.

Du tout. Je vous dis les choses comme je les vois.

VALÉRIE.

Alors, tant pis, écoutez-moi. Savez-vous ce que j'ai fait tantôt?

DUCREST.

Ah! vous suivez votre petite idée!

VALÉRIE.

Plus que jamais. Savez-vous ce que j'ai fait, mon ami? Eh bien, j'ai liquidé Chantaud!

DUCREST, avec force.

Vous avez fait cela?

VALÉRIE, simplement.

Oui, mon ami. Et définitivement.

DUCREST, sans conviction, mais sans gaucherie.

Ah! ma chérie, comme c'est bien, comme c'est brave! Et vous qui me laissiez marcher!

VALÉRIE.

Dame! Quand vous partez, vous, celui qui vous arrêtera!... Enfin, voilà. L'idée de cette rupture me travaillait depuis pas mal de temps. Ce partage, cette vie à trois me gênait, me répugnait. Et puis, en réalité, avec Maxime, ce n'était plus cela. Est-ce votre esprit, votre intelligence? Il m'agaçait, il m'énervait. Tout ce qu'il me disait me semblait non pas bête précisément... mais pauvre, médiocre, vous saisissez?

DUCREST, préoccupé.

Oui, oui, je connais.

VALÉRIE.

Alors, dans ces conditions, devenir sa femme...

DUCREST, même jeu.

Oh! la folie!

VALÉRIE.

N'est-ce pas? Et, d'autre part, continuer une liaison pareille, une liaison fanée, gâchée... Bref, cet après-midi, je l'ai fait venir et, doucement, gentiment, je lui ai glissé la chose, que c'était fini, que je ne l'aimais plus... Un mauvais moment!... C'est dur de voir pleurer un grand gas comme cela! Enfin, je l'ai raisonné. Il part après-demain pour une croisière de quatre mois aux Indes, au Japon... (Un soupir.) Et maintenant, me voilà toute à vous, mon ami, comme vous voudrez, quand vous voudrez.

DUCREST, tendre, mais distrait.

Oh! chère! très chère petite!... Vous dire ma joie, mon émotion... (On frappe.) Entrez! (Entre Murier.) Qu'est-ce que c'est?

MURIER.

Mon cher maître, le président de la Cour vient d'arriver.

DUCREST, gouailleur.

Pas possible!

MURIER.

Il y a aussi le garde des sceaux qui est là depuis dix minutes.

DUCREST.

Tant que cela! C'est au moins madame Ducrest qui vous envoie me porter cette grande nouvelle?

MURIER.

Non, mon cher maître, c'est de moi-même; comme secrétaire, j'avais pensé...

DUCREST.

Quoi? Qu'est-ce que vous avez pensé, mon garçon? Que j'allais tomber le séant par terre ou me frapper le front contre le sol? Le garde des sceaux, mais est-ce que je ne l'ai pas été, moi qui vous parle? Est-ce que vous qui me parlez, vous pouvez me jurer que vous ne le serez pas un jour? Non?... Alors, laissez-nous, mon ami, laissez-nous. (Murier sort. Ducrest, avec un accablement factice.) Oh! cet envahissement perpétuel! Jamais une minute à soi! Voilà ma vie, ma pauvre amie! Vous voyez ce qu'il vous en restera!

VALÉRIE.

Pourquoi me dites-vous cela?

DUCREST.

Par acquit de conscience. Parce que, comparé à ce don magnifique que vous me faites de vous, ce sera si peu!

VALÉRIE.

Est-ce que je calcule? Vous me rendrez cela une fois mariés.

DUCREST.

Sans doute. Seulement, quand? Notre mariage, ce n'est pas une affaire à bâcler du jour au lendemain.

VALÉRIE.

Naturellement. Rien ne presse. Vous prendrez tout votre temps.

DUCREST.

Et puis il faudra trouver le prétexte, le joint. Je vous ai déclaré que ma femme ne tenait qu'à un fil. D'accord! Mais quel fil! Depuis dix ans, il aurait dû craquer vingt fois, avec toutes les femmes qui m'ont demandé ma main.

VALÉRIE.

Votre main?

DUCREST.

Oui, des personnes charmantes qui considéraient que madame Ducrest n'était pas la femme de l'emploi et qui s'offraient gracieusement pour la remplacer. Seulement elles se heurtaient à forte partie. Quelqu'un de très malin, ma femme, avec ses airs de rien. Soumission, humilité, docilité, tout glisse sur elle, elle ne donne pas prise.

VALÉRIE.

Mais nous n'avons pas de traité à date fixe. Cela se fera quand ça pourra.

DUCREST.

Voilà. Vous vous rendez compte des choses. J'aime ça. En attendant, votre rupture portera ses fruits. On va se voir beaucoup plus souvent.

VALÉRIE.

Et plus tranquillement.

DUCREST.

Pardi!... Et puis, il y aura les bonis, les surprises. Ainsi, par exemple, notre rêve, la petite fugue à deux, ce petit voyage loin de Paris, loin des gens, avec lesquels vous m'avez tant tourmenté, eh bien, je le tiens, le mâtin!

VALÉRIE.

Non! Et où cela?

DUCREST.

A Calvarossa. Calvarossa est une charmante petite bourgade du Piémont. J'ai à y plaider et je vous emmène. Ça n'a pas l'air de vous sourire?

VALÉRIE.

Mon Dieu, je vous avouerai qu'une petite bourgade...

DUCREST.

Vous oubliez la situation. A une heure des grands lacs. Vous n'avez jamais été aux grands lacs? Moi non plus, figurez-vous. Eh bien, on y sera tout le temps. On les découvrira ensemble. Vous verrez, je vous promets là quelques semaines qui compteront dans notre existence! Nous partirons après notre saison à Aix...

VALÉRIE.

Dans trois mois! Pourquoi pas tout de suite?

DUCREST.

Tout de suite? En pleine session judiciaire, avec vingt affaires urgentes sur les bras? Voyons, voyons, vous n'y songez pas!

VALÉRIE.

Vous demanderez des remises. Vos secrétaires sont là. On n'y verrait que du feu.

DUCREST.

Ouais, vous vous imaginez qu'un monsieur comme moi peut filer comme ça à l'anglaise, sans que cela se remarque. Vous êtes très drôle. Mais partez donc une bonne fois de ce principe, Valérie, que je ne suis pas un monsieur comme les autres!

VALÉRIE, un peu agacée.

Je sais bien!

DUCREST.

C'est-à-dire que vous croyez savoir. Mais pour vous rendre un compte exact, il faudrait que vous soyez au courant de nos hiérarchies, du rang que j'y occupe, de toutes les attentions fixées sur moi. Or, de tout cela, je vous le dis sans l'ombre d'amertume, vous jugez un peu en petite femme du monde. Je suis un monsieur très connu, Valérie, beaucoup plus connu que vous ne pensez, et, au moindre de mes gestes, vous n'avez pas idée de ce que je déplace! Il y a des moments, je vous assure, où j'en suis moi-même effaré... Alors, laissez-moi donc choisir l'heure et l'instant, laissez-moi être le bon intendant de toutes les joies que vous m'apportez... Est-ce dit? J'ai votre confiance?

VALÉRIE.

Je vous répète : quand vous voudrez, comme vous voudrez.

DUCREST.

A la bonne heure. Voilà comme il faut me parler. Et maintenant, nos fiançailles n'étant pas encore officielles, vous allez immédiatement me rentrer au salon et m'envoyer d'urgence le petit Murier pour qu'il arrange votre histoire. Est-ce entendu?

VALÉRIE.

Oui, mon cher maître.

DUCREST, lui embrassant la main.

Et vous savez, ma chère petite, je ne fais pas de phrases. Mais je suis ravi... positivement ravi...

Elle sort.

SCÈNE IV

DUCREST, seul, puis LAVELINE, puis HENRIETTE.

Ducrest, resté seul, fait quelques pas en sifflotant, puis s'arrête.

DUCREST.

Evidemment, je n'en demandais pas tant ! Quel imbécile, ce petit Chantaud ! Se laisser plaquer comme cela sans faire ouf, sans un semblant de résistance... En voilà une génération ! Enfin, quoi, il n'y a qu'à voir venir. (Entre Laveline.) Tiens, c'est vous ? J'avais demandé Murier.

LAVELINE.

Il venait de partir, cher Maître.

DUCREST.

Oui, la douche ! Il sera allé se sécher. Figurez-vous que tout à l'heure, ce nigaud... D'ailleurs, c'est sans intérêt puisque vous êtes là. Bref, voici : le mari de madame Savreuse nous envoie de nouvelles conclusions à dormir debout, et comme il faudrait y répondre demain matin, vous m'obligeriez en rédigeant un brouillon ce soir. Vous laisserez ça là, et je remettrai au point, s'il y a lieu.

LAVELINE.

Entendu, cher maître.

DUCREST, s'approchant du bureau.

Bien. Dans ce cas, installez-vous tout de suite. Voici le dossier. Maintenant, bon travail.

Sur ces dernières répliques, Henriette est entrée par le fond.

HENRIETTE.

Dis-moi, mon ami, les joueurs de puzzle se plaignent que la galerie les gêne. Alors, j'ai bien envie de les mettre ici.

DUCREST.

Comme tu voudras. Cela ne vous incommode pas, Laveline?

LAVELINE, derrière le bureau.

Mais pas du tout, cher maître.

DUCREST, à Henriette.

C'est parfait. Alors, amène ton monde.

Ils sortent tous les deux par le fond.

SCÈNE V

LAVELINE, puis HENRIETTE, MADAME BOUCHOTTE, MADAME HAUBOURDIN, BOUCHOTTE, LEBREGEAT.

Laveline s'est assis au bureau qui le masque complètement. Henriette entre, suivie des autres. Adolphe vient après, avec un autre domestique, portant le cadre à tablette où l'on voit épars les morceaux de puzzle.

ADOLPHE, à l'autre domestique.

Enlève le plateau.

HENRIETTE.

Tenez, Adolphe, installez ça là. (Aux autres.) Là, ici vous serez bien mieux. Personne ne vous dérangera. (On s'assied, on s'installe et l'on reprend le travail.) Vous avez bien tout ce qu'il vous faut?

TOUS.

Oui, oui, merci.

HENRIETTE.

Voici les cigarettes, le cendrier. Voulez-vous qu'on mette l'écran?

MADAME HAUBOURDIN.

Non, non, merci.

HENRIETTE.

Alors, je vous laisse.

Elle sort.

SCÈNE VI

Les Mêmes, moins HENRIETTE.

MADAME BOUCHOTTE, avec soulagement.

Ouf!... (Cherchant dans les pièces de bois.) Allons, bon! Je ne trouve pas la queue du chat.

MADAME HAUBOURDIN, vivement.

Ah! non, il ne faut pas me prendre mes choses.

MADAME BOUCHOTTE.

Je ne sais plus où j'en suis avec toutes ces randonnées.

BOUCHOTTE.

C'est de ta faute. Tu avais bien besoin de nous faire déménager, juste au moment du départ.

MADAME BOUCHOTTE.

Que veux-tu, je n'y tenais plus. Cette petite Ducrest me tape trop sur les nerfs.

MADAME HAUBOURDIN.

Evidemment, elle est un peu agaçante. Elle a beau faire des frais ruineux, il lui manquera toujours le je ne sais quoi, enfin, tout ce que son mari possède au si haut degré.

MADAME BOUCHOTTE.

Bah! aussi, comment voulez-vous qu'elle fasse avec cette figure de victime qu'elle trimballe partout?

MADAME HAUBOURDIN.

Oui, est-ce curieux! Qu'elle se mette en bleu, en vert, en rose, elle a toujours l'air en deuil.

MADAME BOUCHOTTE.

Positivement. Pour moi, on ne dirait pas la femme de Ducrest, on dirait sa veuve.

LEBREGEAT.

C'est très juste, ce que vous dites là, et même assez drôle. Tenez, si j'étais vous, je mettrais ça là!

MADAME HAUBOURDIN.

Mais ça ne va pas là!

LEBREGEAT.

En tout cas, je ne voudrais pas être à la place de Ducrest. Avec un vis-à-vis pareil, on ne doit pas rire tous les soirs.

MADAME BOUCHOTTE.

Bah! les après-midi lui restent, et il en use!

MADAME HAUBOURDIN.

Et comme je le comprends! D'ailleurs, je ne sais pas si vous êtes comme moi, mais je trouve qu'en matière d'amour, les hommes supérieurs devraient bénéficier de licences spéciales

LEBREGEAT, pincé.

Qu'entendez-vous par homme supérieur?

MADAME HAUBOURDIN.

Oh! les personnes présentes sont toujours exceptées.

LEBREGEAT.

Vous êtes trop aimable.

MADAME HAUBOURDIN.

Enfin, précisons. Je me remarie demain, par exemple, avec un monsieur comme Ducrest...

LEBREGEAT.

Peste!...

MADAME HAUBOURDIN.

Une hypothèse! Eh bien, moi, si jalouse du vivant de mon pauvre mari, avec un homme comme Ducrest, je sens que ça me serait follement égal. Je lui dirais : « Va, mon grand homme, profite, donne-toi du bon temps. Si quelqu'un a droit au bonheur, c'est bien toi! » Et plus il aurait de succès, plus ça me flatterait. Voyons, ai-je raison?

MADAME BOUCHOTTE.

Il y a du vrai, mais allez donc demander cette largeur de vues à une petite bourgeoise comme cette Henriette. Vous avez remarqué sa tête à l'entrée de madame Savreuse?

MADAME HAUBOURDIN.

Grotesque. D'ailleurs, à propos, ça m'a l'air de chauffer chaud chaud avec la nouvelle. Elle a de la branche, cette madame Savreuse. D'où sort-elle? Vous devez connaître cela, vous, l'homme du monde.

LEBREGEAT.

Vaguement. J'avais plutôt des relations avec le mari qui est de mon cercle. Grosse fortune de part et d'autre, cinq ans d'assez bon ménage, jusqu'au jour où il a pincé sa femme avec le petit Chantaud.

MADAME HAUBOURDIN.

Chantaud? Où ai-je vu ce nom-là?

LEBREGEAT.

Mais sur tous les murs. Les sardines Chantaud. Des petits poissons qui dansent en rond.

MADAME BOUCHOTTE.

Oui, avec cette devise un peu ambitieuse, pour des sardines : « Je chante haut ! »

LEBREGEAT.

Vous y êtes.

MADAME BOUCHOTTE.

Et un gaillard, il paraît, ce petit jeune homme.

LEBREGEAT.

Oui, oui ! Un costaud.

MADAME HAUBOURDIN.

Eh bien, notre Ducrest, à son âge, il en prend là une succession !

MADAME BOUCHOTTE.

Oh ! il ne fait peut-être que les extras.

BOUCHOTTE.

Et puis, disons-nous bien que les athlètes, ce n'est pas toujours les plus acharnés.

MADAME HAUBOURDIN.

D'ailleurs, avec Ducrest, pour ce que cela dure !

LEBREGEAT.

Heuh ! pas ce numéro-là. Ainsi, une preuve : elle a déjà loué à Aix.

MADAME BOUCHOTTE.

Là n'est pas la question. Si cela lui fait plaisir, à cette dame, elle aurait rudement tort de se gêner ! Mais l'autre, cette petite Henriette... Oh ! rien que l'idée de vivre là-bas, avec elle, tout un mois, de la voir tout le temps, tous les jours, du matin au soir, tenez, j'en ai les doigts de pied qui se crispent.

BOUCHOTTE.

Allons, n'exagérons pas, il y a plus terrible.

MADAME BOUCHOTTE.

Penses-tu? Alors, toi, pourquoi, depuis quatre ans, la lanternes-tu à refuser de faire son portrait?... Pourquoi? Parce qu'elle ne te dit rien, tu me l'as répété vingt fois.

BOUCHOTTE.

Je parlais en artiste.

MADAME BOUCHOTTE.

Merci pour nous.

LEBREGEAT.

Non, voyez-vous, Bouchotte, vous avez prononcé le mot. C'est de la petite femme suffisante, bien établie sur ses bases, avec de jolies qualités morales, mais c'est de la femme qui ne vous dit rien. Le cas est bizarre!

BOUCHOTTE.

Mon Dieu, pas tant que ça. C'est le cas classique de la satellite. Le mari, astre éblouissant qui brille pour deux, qui ramasse tout; la femme, pauvre petite satellite, éclipsée, annihilée dans le tourbillon. Exactement le couple Ducrest. Là-dedans Ducrest est comme le soleil...

MADAME BOUCHOTTE.

Et sa femme comme la...

BOUCHOTTE, choqué.

Oh! ma chère, je t'en prie!

MADAME BOUCHOTTE.

Qui a commencé? Mais tout cela n'empêche pas que la perspective de passer un grand mois avec cette petite planète qui, au fond, nous déteste tous...

BOUCHOTTE.

En es-tu sûre?

MADAME HAUBOURDIN.

Mais, mon cher Bouchotte, cela crève les yeux! Mais pour ne pas nous haïr, elle serait une sainte. Une femme qui se sait trompée publiquement à l'heure et à la course, une femme qui n'a ni un ami, ni un amoureux, qui se sent partout cernée de malveillance et d'antipathie, vous voudriez qu'elle prenne tout cela à la bonne?

LEBREGEAT.

Moi, je la crois très aigrie.

MADAME BOUCHOTTE.

C'est-à-dire que sous ses sourires de commande, elle doit faire du fiel au litre. D'ailleurs, il n'y a qu'à surprendre son regard par moment, les éclairs de rancune y flambent. Et ce qu'elle vomit sur nous quand nous n'y sommes pas, cela doit être effrayant!

LAVELINE, qui s'est levé pendant la dernière réplique, et d'une voix émue.

Là-dessus, madame, je vous assure que vous vous trompez. Depuis deux ans que je connais madame Ducrest, pas une fois il ne lui est échappé devant moi sur ses relations une parole, je ne dirai même pas hostile, mais simplement désobligeante. Je la considère au contraire comme une personne d'une rare bonté et d'une droiture indiscutable.

MADAME BOUCHOTTE, à mi-voix, aux autres.

Eh bien, voilà qui est gai!

LAVELINE.

Je vous demande bien pardon, mesdames... J'étais là à travailler pour M. Ducrest. Par discrétion et peut-être aussi, je l'avoue, par une sorte d'attachement, je n'ai pas cru devoir interrompre vos propos. Mais lorsque j'ai entendu accuser si injustement le caractère de madame Ducrest, je n'ai pas pu me maîtriser. Evidemment, ce que j'ai fait là, cela sort un peu des usages, mais je vous le répète, cela a été plus fort que moi. Je vous prierai de n'en rien dire à M. Ducrest, et, de mon côté, je vous jure que j'ai déjà oublié tout ce que j'ai entendu ici. Je vous demande encore bien pardon.

Il sort.

SCÈNE VII

Les Mêmes, moins LAVELINE.

BOUCHOTTE, se levant.

Charmante soirée! Nous aurions bien mieux fait de rester au salon.

MADAME BOUCHOTTE, même jeu.

Aussi, pouvais-je prévoir que derrière ce grand secrétaire il y avait un petit secrétaire? Du reste, j'ai toujours eu horreur de ces bureaux à cylindre. Je trouve ça hideux.

MADAME HAUBOURDIN.

Est-ce que vous ne croyez pas peut-être qu'entre ce jeune Laveline et Henriette Ducrest?...

LEBREGEAT.

Mais non, madame, mais non. Ce petit monsieur n'a pas plus envie de madame Ducrest que vous et moi. Seulement, c'est neuf, ça veut faire du zèle. Il a pensé être très chevaleresque, très chic, et il a fallu nos figures pour l'avertir qu'il venait de se conduire comme un mufle. Car il n'y a pas à barguigner, il s'est conduit comme un simple mufle.

BOUCHOTTE.

Tandis que nous!

MADAME HAUBOURDIN.

Et puis quoi! c'est Paris. Cela arrive tous les jours.

LEBREGEAT, qui s'est avancé vers le fond et a jeté un regard vers le salon.

Vous savez que tout le monde s'en va?

MADAME BOUCHOTTE.

Eh bien, faisons comme tout le monde. On finira une autre fois. (En passant devant le bureau.) Non, ce que c'est laid, ces secrétaires!

Ils sortent et se croisent, dans la galerie, avec Ducrest et Henriette. Petit brouhaha d'au revoir, remerciements, etc. Ducrest et Henriette rentrent dans la pièce.

SCÈNE VIII

DUCREST, HENRIETTE.

DUCREST, redescendant et sincèrement.

Gentilles gens! (Un temps.) Eh bien, tu sais, je voyais juste pour le fauteuil de Leboullard. Roumier dit qu'il faut me présenter.

HENRIETTE, avec joie.

Ah! il te croit des chances?

DUCREST.

De premier ordre. Mais ça n'est pas de ta faute si ma candidature n'est pas dans l'eau! (Geste d'Henriette.) Enfin, t'avais-je priée ou non de me lire le livre de Roumier?

HENRIETTE.

Tu m'avais dit que cela ne pressait pas.

DUCREST.

Sans doute, mais je ne t'avais pas dit par contre de laisser le volume au beau milieu de cette table, avec les pages non coupées! Pendant tout le dîner j'en avais parlé à Roumier avec force éloges, et en entrant ici, si je n'avais pas eu l'œil, tu vois l'effet! (Lui tendant le volume.) D'ailleurs, tu vas avoir l'obligeance de me lire cela pour demain deux heures, et tu me rédigeras un brouillon de lettre que je n'aie qu'à recopier, car je lui ai promis en plus une lettre à ce garçon.

HENRIETTE.

Pour lui dire quoi?

DUCREST.

La même chose, pardi! De l'encens, toujours du sirop et encore de la pommade. Tu sais bien comme nous sommes tous pour ça... A propos, tu me parcourras aussi ce petit volume du sieur Faultrier...

HENRIETTE, lisant.

L'Agriculture dans Homère.

DUCREST.

Quoi! Si ça l'amuse, cet homme!

HENRIETTE.

C'est Faultrier des Sciences morales?

DUCREST.

Oui, il n'est encore que de la succursale, mais il peut, à l'occasion, disposer d'une voix chez ses voisins. Alors, un brouillon de lettre également pour ce brave Faultrier; quelque chose de gentil sans excès de lyrisme.

HENRIETTE, souriant.

Je te soignerai cela.

DUCREST.

Ah! et puis, pendant que j'y pense, tu voudras bien passer chez madame Hautécourt.

HENRIETTE.

La femme du président? J'en sors. J'y ai été la semaine dernière.

DUCREST.

Je ne l'ignore pas, mais j'ai probablement mes raisons pour te prier d'y retourner. Si tu veux le savoir, l'affaire Calvarossa viendra devant la troisième chambre, celle que préside Hautécourt.

HENRIETTE.

Tu plaides donc pour eux, maintenant?

DUCREST.

Oui. Hurepoix s'est décidé à marcher. Quarante mille. Ce n'est pas pour la somme en soi, mais c'est amusant. (A Adolphe qui apporte le chapeau et le paletot.) Merci, Adolphe, posez ça là.

HENRIETTE, se rembrunissant.

Tu sors à cette heure-ci?

DUCREST.

Apparemment.

HENRIETTE.

Tu te rappelles que tu plaides demain?

DUCREST, endossant son paletot.

Bah! tu ne supposes pas me l'apprendre? Non, mais en voilà une figure! Allons, je ne suis pas méchant, si tu veux savoir où je vais, je vais à l'ambassade d'Angleterre, dont cela ferait le troisième bal que je rate, là!

HENRIETTE.

Si c'est indispensable.

DUCREST.

Indispensable! Evidemment, si je n'y allais pas, cela ne nous amènerait pas la guerre, et la flotte anglaise ne viendrait pas bombarder Cherbourg. Mais ce ne serait pas poli. Indispensable! Tu vous as de ces mots qui ne sont qu'à toi.

HENRIETTE.

Sois donc franc, avoue que tu vas là-bas pour retrouver madame Savreuse!

DUCREST, avec stupeur.

Eh? Un nom propre, je crois? Oh! mais, ma petite, voilà des précisions auxquelles tu ne m'avais pas habitué, et que je ne te conseillerais pas de renouveler.

HENRIETTE.

Que veux-tu, c'est plus fort que moi, cette femme me fait peur!

DUCREST.

Peur? Peur de quoi? Peur comment? Ah ça, que signifient ces enfantillages? Il ne faudrait tout de même pas s'engager dans cette voie. Moi, j'ai besoin de ma liberté, de ma liberté absolue! Je suis un oiseau de grand vol. J'ai soif d'air, d'espace, de libre mouvement, et à la moindre contrainte, j'aurais vite fait de tout casser! (Plus doucement.) Ce n'est pas une menace, c'est une constatation, tu comprends, ma petite.

HENRIETTE.

Certainement, mais ta liberté, je crois que je ne l'ai jamais beaucoup gênée.

DUCREST, s'animant.

Jusqu'ici, non. Mais il ne s'agirait pas de commencer. Si, en plus des soucis colossaux que j'ai en tête, du travail fantastique que je fournis, je suis obligé de surveiller mes gestes, mes paroles, mes distractions, si je suis exposé à des scènes de ménage, à des mines tragiques, enfin à des propos comme ceux que tu viens de tenir, non, non, je t'assure que je n'y suffirais pas.

Il tousse.

HENRIETTE.

C'était une impression. Admettons que j'ai exagéré.

DUCREST.

Oui, mais en attendant, voilà ma voix en bel état pour plaider demain. Est-ce qu'il reste de mon gargarisme ?

HENRIETTE.

On a dû en apporter ce soir.

DUCREST.

Eh bien, qu'on en mette dans ma chambre, ce soir, avec un peu de lait chaud, très chaud : je prendrai cela avant de m'endormir. Allons, bonsoir, ma petite.

HENRIETTE, lui tendant la joue.

Bonsoir.

DUCREST, l'embrassant distraitement.

Et puis, je t'en prie, ne recommence plus. Ce n'est pas seulement inutile. Je te jure que c'est le comble de l'absurdité.

Il sort en chantonnant. Henriette, seule, le suit tristement du regard avec la figure bouleversée d'une femme qui va presque pleurer. Julie entre. Henriette vivement se retourne.

JULIE.

Madame ne se déshabille pas maintenant ?

HENRIETTE.

Vous avez encore du travail par là ?

JULIE.

Oui, madame.

HENRIETTE.

Eh bien, finissez d'abord.

<small>Julie sort. Henriette, restée seule, remet machinalement les meubles en ordre, puis elle finit par s'asseoir et prend un livre, mais ne lit pas et demeure les yeux vagues. Un coup de timbre dehors. Adolphe paraît.</small>

ADOLPHE.

Pardon, madame, c'est M. Laveline qui a oublié un dossier pressé, il demande s'il peut venir le rechercher.

HENRIETTE.

Mais bien entendu.

<small>Laveline entre par le fond.</small>

SCÈNE IX

HENRIETTE, LAVELINE.

HENRIETTE, sans se retourner.

Vous avez oublié quelque chose, monsieur Laveline?

LAVELINE, avec résolution.

Non, madame.

HENRIETTE, surprise.

Hein?

LAVELINE.

Non, madame, je n'ai rien oublié. Il fallait que je vous revoie ce soir même. J'ai pris le premier prétexte.

HENRIETTE, même jeu.

Comment? Comment?

LAVELINE.

Madame, il y a quelques instants, dans la meilleure intention du monde, je viens de commettre une lourde maladresse. J'avais juré de garder le secret pour moi. Mais sur le moment je n'avais pas songé aux conséquences. Voilà : je vous ai affreusement compromise. Alors, comme je ne peux plus rester ici, je voulais vous faire mes adieux, et aussi vous demander pardon.

HENRIETTE, se levant.

Vous m'avez compromise? Mais, monsieur Laveline, personne ne peut me compromettre. Qu'est-ce que c'est que cette histoire?

LAVELINE.

La vérité, madame, la simple vérité. Vous vous rappelez que tout à l'heure vous avez amené dans cette pièce les joueurs de puzzle; madame Haubourdin, le ménage Bouchotte et un monsieur dont j'ignore le nom.

HENRIETTE.

Oui. Eh bien?

LAVELINE.

Eh bien, sitôt que vous êtes sortie, ils se sont mis à s'exprimer sur votre compte avec une animosité, dans des termes... Vous me permettrez de ne pas préciser.

HENRIETTE.

D'autant que cela ne m'intéresse pas du tout.

LAVELINE.

Evidemment, il eût été plus correct de leur signaler ma présence en me remuant, en toussant, enfin d'une façon quelconque. Mais, à mesure qu'ils parlaient, je me sentais le cœur se serrer de rage, avec un besoin d'entendre, de savoir tout. (Geste d'Henriette.) Oh! madame, je vous en prie, laissez-moi achever. Et tout à coup, comme à bout de rosseries sur votre personne, ils se rabattaient sur votre caractère, vous accusant de haine sournoise, de méchanceté perfide, enfin des abominations, des faussetés imbéciles, là, dame, je n'ai plus pu y tenir : je me suis levé et je les ai exécutés sérieusement.

HENRIETTE.

C'est en effet très fâcheux. (Un temps.) Et qu'ont-ils répondu?

LAVELINE.

Rien. Ils semblaient atterrés. Cela n'a d'ailleurs duré qu'un instant, le temps de quelques phrases, et j'ai quitté la pièce.

HENRIETTE.

Et vous ne pouvez pas me dire ce que vous leur avez dit?

LAVELINE.

Les mots textuels? Non, madame. Je leur ai débité cela d'un coup, d'un élan. Je ne me possédais plus. Je me suis porté garant de votre bonté, de votre loyauté. Les mots, je crois, n'ont pas passé la mesure, mais il y avait le ton! Je vous dis, j'étais outré, écœuré.

HENRIETTE.

Mon Dieu, que je suis ennuyée! Vous avez fait là un grand enfantillage. Ces dénigrements, c'est le courant de la conversation. Enfin, je suis très contrariée... Mais, franchement, je ne vois pas qu'il y ait là motif à départ. (Un silence.) Effectivement, ce petit incident est regrettable, mais il me semble que vous vous en exagérez la portée. Vous êtes un peu surexcité, ce soir. Rentrez donc vous mettre au lit, et, si vous m'en croyez, une autre fois, tâchez de mieux dominer vos nerfs, d'être moins emporté, moins jeune.

Elle lui tend la main.

LAVELINE, comme se décidant.

Madame, je ne peux pas vous laisser dans cette erreur. Je ne suis pas un gamin : j'ai vingt-six ans d'âge, dont deux ans de Paris, et j'aurais entendu ces propos sur une autre que je n'en tournais seulement pas la main. Mais il s'agissait de vous et c'est cela, uniquement cela qui m'a fait voir rouge. Je n'ai donc agi ni par candeur, ni par nervosité. J'ai obéi à un sentiment bien plus intense, bien plus profond, et que peut-être j'aurais dû vous taire..

HENRIETTE, stupéfaite, mais sans hauteur.

Plaît-il?

LAVELINE.

Madame, comprenez-moi, je n'en ai déjà que trop dit... C'est un grand malheur... mais pouvais-je l'éviter, est-ce ma faute?

HENRIETTE, d'un ton de regret amical.

Oh! monsieur Laveline!

LAVELINE.

Oui, c'est insensé, n'est-ce pas, d'oser vous parler ainsi, à vous, la femme de mon grand patron, à vous, la femme que vous êtes...

HENRIETTE, marchant vers le fond.

En voilà assez, monsieur Laveline, je vous assure.

LAVELINE, lui barrant la route.

Ah! madame, je vous en supplie, ne me renvoyez pas ainsi. Puisque c'est la première fois et la dernière, du moins que vous ne gardiez pas sur moi de mauvaises pensées, que vous n'alliez pas vous figurer... car je sais bien ce que vous croyez : l'éblouissement du petit provincial à la première Parisienne qu'il rencontre, le rêve grossier du petit stagiaire : une femme du monde pour m... resse, et alors on se risque, on essaie, on ose... Eh bien, sur mon amour, je vous jure que non. Jamais je ne me serais seulement permis d'y songer. Si vous saviez, au contraire, avec quelle vénération je vous ai aimée depuis mon entrée ici, et tout ce que j'ai fait loyalement pour résister, tout ce que vous représentiez pour moi de supérieur, d'inaccessible, à la fois par votre grâce, par votre élégance, et aussi par ce que j'avais deviné de votre cœur, par votre jolie attitude dans la vie malgré certains chagrins! Vous voyez comment je vous aimais... Mais c'était trop au-dessus de moi... Je le sentais que cela devait mal finir!

Il se laisse tomber dans un fauteuil, la tête dans les mains.
HENRIETTE, s'efforçant de sourire et lui posant la main sur l'épaule.

Mais non, monsieur Laveline, cela finira très bien. Vous vous en irez parce que maintenant, je suis de votre avis, il vaut mieux que vous ne restiez pas. Vous vous en irez. Vous serez, je vous l'accorde, très, très malheureux durant un mois, mettons trois mois, et puis ça se calmera. Vous prendrez une petite amie bien facile, bien libre, tenez, je permets même qu'elle me ressemble un peu. Et cet hiver, quand je vous rencontrerai avec elle, aux courses, au théâtre, vous ne pourrez pas venir me dire bonjour parce que cela ne serait pas convenable, mais nous nous sourirons de loin, comme deux vieux camarades qui ont eu quelques minutes ensemble un gentil secret... Voilà comment cela finira.

LAVELINE, lui prenant la main.

Oh! madame, madame, l'idée de ne plus vous voir, jamais, c'est horrible!

HENRIETTE, retirant sa main.

Mais si, vous me reverrez; vous habitez en face, à deux pas, on se rencontrera forcément. Et puis je vous inviterai à dîner. Est-ce qu'à Paris il y a des séparations éternelles? A présent, vraiment, il faut vous retirer. Minuit un quart! C'est absurde. Levez-vous, partez!

LAVELINE, se levant.

Bien, madame, je m'en vais. Seulement, un conseil, je vous prie : que dois-je écrire à M. Ducrest pour lui expliquer ce brusque départ?

HENRIETTE.

Cela vous regarde, mais il me semble préférable de ne pas faire allusion à l'algarade de tantôt : inutile de créer des histoires.

LAVELINE.

Vous avez raison. Adieu, madame.

HENRIETTE, lui tendant la main qu'il embrasse longuement.

Adieu, mon ami.

Il sort.

SCÈNE X

HENRIETTE, JULIE.

Henriette marche lentement vers la fenêtre, reste un instant à regarder dans le noir, puis elle sonne. Julie paraît.

HENRIETTE.

Vous avez fini, Julie?

JULIE.

Oui, madame.

HENRIETTE.

Eh bien, vous pouvez remonter. Je me déshabillerai seule. (Julie sort. Henriette va reprendre son livre et s'assied, comme au début de la scène, sans lire.) Il m'a émue, ce petit!... C'est que je ne suis pas gâtée!... Il paraissait avoir une vraie peine... (Elle se lève et marche à travers la pièce.) Et puis, s'il recommençait, il serait toujours temps de lui signifier son congé. (Se décidant.) Mais oui. (Elle s'approche du téléphone et sonne.) Allô... Oui, 663.63... Il est capable de ne pas être rentré ! Allô, allô... 663.63? C'est vous, monsieur Laveline?... Ecoutez donc. J'ai réfléchi... Nous avons peut-être été un peu vite... Mais oui, j'ai des remords... Pensez au tort que ce départ peut vous causer au point de vue métier. Si vous étiez sage, je me chargerais très bien de vous guérir... Comment?.., Oui, c'est cela, de l'amitié... Oui, oui... N'écrivez rien ce soir, nous nous expliquerons demain... Bien... Bien... Dormez bien... (Elle replace l'appareil, puis avec un sourire mélancolique:) Pauvre petit !...

Rideau.

Acte Deuxième

A Aix-les-Bains, chez les Ducrest. Salon de villa élégant. Le soir. A droite, au fond, porte pan coupé avec portière. Porte à gauche, au fond, pan coupé. Au fond, porte-fenêtre ouvrant sur une terrasse. Devant, une table chargée de boissons glacées, sandwichs, gâteaux, etc,.. A gauche, premier plan, un piano à queue. Sur le même plan, un guéridon et des fauteuils. A droite, une petite table-bureau et des chaises. Au lever du rideau, Ducrest, en smoking, se balance dans un rocking-chair, au fond, et prend le frais près de la terrasse.

SCÈNE PREMIÈRE

DUCREST, MADAME BOUCHOTTE,
puis ADOLPHE.

Madame Bouchotte, tenue de soirée, entre par la droite et se dirige vers la table du fond où elle se prépare une boisson.

DUCREST.

C'est mon tour de rentrer ?

MADAME BOUCHOTTE.

Mais non, vous avez encore un bon quart d'heure.

DUCREST.

Et où en sont-ils par là ?

MADAME BOUCHOTTE.

Etat stationnaire. Miss Jaddler et le président, toujours en tête. Le général et mon mari perdent un peu de terrain. Pour moi, c'est l'équipe anglaise qui décrochera la coupe. Mais, bon sang, si jamais on me repince dans un tournoi de bridge! Quand on pense que nous sommes à table depuis trois jours et trois nuits!

DUCREST.

Oui, oui, c'est effrayant!

MADAME BOUCHOTTE.

Sans compter qu'avec leur façon de jouer à l'américaine, cinq minutes de méditation à chaque coup, le tournoi n'est pas près de finir.

DUCREST.

Et on parle du moyen âge!

MADAME BOUCHOTTE, redescendant, son verre à la main.

Dites-moi, croyez-vous que cela a chauffé tout à l'heure entre Henriette et madame Savreuse!

DUCHEST.

Beaucoup trop à mon gré, et il ne faudrait pas que cela se reproduise.

MADAME BOUCHOTTE.

Moi, que voulez-vous, je ne donne pas tort à votre femme. On ne prend pas sans atout avec un jeu pareil. Madame Savreuse a joué là comme une véritable pieuvre, et Henriette avait parfaitement le droit de le lui dire.

DUCREST.

Tout dépend du ton.

MADAME BOUCHOTTE.

Pas au bridge, vous savez qu'on ne se connaît plus.

DUCREST.

Naturellement, vous êtes du côté d'Henriette! Le contraire m'eût surpris : tout l'un ou tout l'autre. Il y a trois mois, pas bonne à jeter aux chiens, et maintenant vous en faites votre Dieu. C'est bien vous.

MADAME BOUCHOTTE.

Et je m'en vante. Donnant, donnant. Quand je la débinais, Henriette était une petite créature assommante, insupportable, lugubre comme un bonnet de nuit. Là-dessus, je retrouve ici une petite femme bon enfant, gaie, allante, élégante même. Pourquoi me serais-je butée ?

DUCREST.

Evidemment. Et si vous saviez les dessous de tout cela, c'est touchant, je vous assure. Je vous raconterai un jour que nous aurons le temps.

MADAME BOUCHOTTE.

Oh! moi, je ne cherche pas si loin. On change, je change : il n'y a pas tant de gens agréables, grand Dieu !

DUCREST.

D'accord. Seulement, sous prétexte qu'Henriette, tenant compte de mes observations, s'est décidée à comprendre tout le tort que lui causaient son attitude, ses façons, ce n'est pas une raison pour adopter avec certaines personnes le ton de tout à l'heure; un ton auquel elle n'a depuis quelque temps que trop de tendances. Et dès mon retour, je vous promets que j'y mettrai bon ordre.

MADAME BOUCHOTTE.

C'est donc définitif, votre départ ?

DUCREST.

Irrévocable. Dans un instant, mon secrétaire, le petit Laveline, débarque de Paris avec les dossiers, et demain soir, tel que vous me voyez, Calvarossa me possédera dans ses murs.

MADAME BOUCHOTTE.

Et qui vous dit justement que ce n'est pas cela qui énerve Henriette?

DUCREST.

En quoi?

MADAME BOUCHOTTE.

Dame, ce départ précédant de vingt-quatre heures à peine celui de madame Savreuse...

DUCREST.

Comme cela a du rapport! Moi, je pars pour l'Italie, et madame Savreuse pour la Bretagne.

MADAME BOUCHOTTE.

Qu'elle dit!

DUCREST.

Eh?

MADAME BOUCHOTTE.

Je dis : qu'elle dit!

DUCREST, désinvolte.

Ma chère amie, je ne me perdrai pas en dénégations superflues, et je vous laisse libre de tous les soupçons. Mais permettez-moi de vous dire que, de votre part, ces insinuations, ce n'est pas élégant, que c'est même l'opposé de l'élégance.

MADAME BOUCHOTTE.

Oh! mon pauvre ami, de la jalousie, moi! Quelle erreur! Nous avons eu ensemble, il y a quatre ou cinq ans, quelques mois charmants. Avec un homme tel que vous, je savais fort bien où j'allais; je ne comptais pas sur le bail à vie, tout au plus une bonne petite liaison locative. Et d'ailleurs, vous reconnaîtrez que je n'ai pas cherché à relouer.

DUCREST.

J'en conviens sans orgueil, mais non sans regrets.

MADAME BOUCHOTTE.

Alors, pourquoi en voudrais-je à madame Savreuse qui se trouve peut-être en ce moment à fin de terme ? Au contraire, je la plains plutôt, cette pauvre femme, et je n'aimerais pas être dans sa peau.

DUCREST.

Vous êtes difficile.

MADAME BOUCHOTTE.

Dites donc, vous ! Du reste, je vous parle en amie. Vous en ferez ce qu'il vous plaira.

DUCREST.

Dame, je ne vois pas ce que j'en ferais d'autre.

Voix au dehors, à droite, appelant : « Madame Bouchotte ! Madame Bouchotte ! »

MADAME BOUCHOTTE.

Voilà ! voilà !

Elle sort.

DUCREST, la suivant du regard.

Charmante femme, charmante ! Eh ! une simple reprise !... Qui sait ?

ADOLPHE, entrant à gauche.

M. Laveline vient d'arriver.

DUCREST.

Qu'il entre !

ADOLPHE.

J'ai dit à M. Laveline qu'il y avait du monde. Alors il est monté dans sa chambre pour s'habiller.

DUCREST.

En voilà des plaisanteries ! Priez M. Laveline de descendre immédiatement comme il est, tout de suite.

Adolphe sort.

SCÈNE II

DUCREST, LAVELINE, puis HENRIETTE.

Laveline entre à gauche, costume de voyage, l'air un peu gêné.

DUCREST.

Bonsoir, mon petit Laveline. Ah ça, vous êtes fou! Vous habiller à onze heures du soir? Vous n'y pensez pas. Enfin, je suis bien content de vous revoir. Bon voyage? La santé est belle?

LAVELINE.

Excellente, cher maître.

DUCREST.

Regardez-moi, jeune homme. Vous êtes un peu pâlot, on dirait. C'est l'air de Paris qui vous donne ces jolies couleurs? Ou si c'est votre petite amie?

LAVELINE.

Mais, cher maître...

DUCREST.

Mettons que ce soit l'air de Paris. Tant que vous me fournirez du bon travail, vous savez que je ne me mêlerai jamais de votre vie privée. Maintenant, répondez-moi. Etes-vous matinal?

LAVELINE.

Quand il le faut, cher maître.

DUCREST.

Il le faudra. Vous tombez justement en plein tournoi de bridge. Je ne vois guère la possibilité pour nous de causer avec suite ce soir. Mais demain matin, tenez-vous prêt à huit heures précises. Nous aurons à régler diverses choses assez importantes.

LAVELINE.

Oh! je serai exact.

DUCREST.

Autrement, à Paris, rien de nouveau pour l'affaire Calvarossa?

LAVELINE,

Mais si, cher maître, un gros incident dont j'allais précisément vous parler.

DUCREST.

Quoi donc?

LAVELINE.

Eh bien, ce matin, comme je partais pour la gare, on m'a téléphoné de chez Richot qu'un groupe d'actionnaires de Calvarossa se décidait à poursuivre le conseil d'administration en correctionnelle pour infractions à la loi de 1867, et abus de confiance.

DUCREST.

Sapristi, c'est très grave! C'est très grave! Hurepoix peut très bien être coffré du jour au lendemain. Nous sommes le combien aujourd'hui?

LAVELINE,

Le 20 août, cher maître.

DUCREST.

De sorte qu'avec les vacances judiciaires, ces imbéciles ont encore tout le temps devant eux pour faire venir leur plainte. C'est très grave! Il faudrait à tout prix les en empêcher. Evidemment, je me trouverais à Paris, ce serait un jeu d'enfant. Mais voilà, il y a ce voyage en Italie, ce diable de voyage!... Vous avez apporté le dossier, n'est-ce pas?

LAVELINE.

Il est là-haut, dans ma valise.

DUCREST.

Eh bien, vous monterez me le chercher, je l'examinerai avant de m'endormir. D'ici là, je vais réfléchir.

Henriette est entrée par le fond sur ces dernières répliques. Robe de dîner très élégante.

HENRIETTE.

Tiens ! Bonsoir, monsieur Laveline !

LAVELINE, lui embrassant la main.

Bonsoir, madame.

HENRIETTE, à Ducrest.

Mon ami, madame Hurepoix te réclame. Tu es à sa table cette fois.

DUCREST.

Madame Hurepoix ! Si je lui disais le quart de ce que Laveline vient de m'apprendre, je te donne mon billet qu'elle ne ferait pas une levée, la pauvre femme.

HENRIETTE.

Pourquoi donc ? Qu'est-ce qui se passe ?

DUCREST.

Simplement qu'on poursuit son mari en correctionnelle, et que, dans huit jours, il couchera peut-être au lazaro. Enfin, motus là-dessus jusqu'à nouvel ordre. Tu n'as pas à rentrer ?

HENRIETTE.

Oh ! pas d'ici une demi-heure.

DUCREST.

Eh bien, offre-lui à boire, à ce jeune homme, fais les honneurs.

Il sort.

SCÈNE III

LAVELINE, HENRIETTE, puis DUCREST.

Henriette, sitôt Ducrest sorti, semble sur le point de défaillir et s'appuie à un meuble. Laveline se précipite pour la soutenir.

HENRIETTE, l'écartant doucement.

Rien, mon enfant, ce n'est rien. Je vous attendais sans doute, mais de vous voir là, si brusquement, ça m'a été une telle émotion, un tel choc!... Et pour ne pas m'élancer, il m'a fallu une telle contrainte. (Souriant.) C'est que je ne sais pas encore très bien!

LAVELINE.

Dame, il m'a fallu à moi-même tant de jours pour vaincre vos scrupules! Savez-vous combien? Dites un chiffre.

HENRIETTE.

Ça, par exemple, je n'ai pas compté.

LAVELINE.

Eh bien, moi, j'en faisais le compte, tout à l'heure, dans le train : deux mois de lutte — exactement deux mois et quatre jours.

HENRIETTE, ingénument.

J'aurais cru plus!

LAVELINE.

Et moi donc! Après cela, un mois à peine de bonheur et tout de suite votre départ, Aix-les-Bains, trois grandes semaines de séparation!

HENRIETTE, lui prenant les mains.

Oui, trois semaines sans nous voir! Comment avons-nous pu faire?

LAVELINE.

Ça, je me le demande.

HENRIETTE.

Enfin, mon petit Amédée, vous êtes là.

LAVELINE.

Ma chère petite.
Il lui embrasse tendrement les mains.

HENRIETTE.

Et maintenant, dites-moi votre vie, car je ne sais rien de vous, plus rien... Vous me paraissiez loin, loin, si vague, si effacé, à me demander si vous existiez encore! Vous ne vous doutez pas de ce que c'est que d'écrire toujours sans jamais recevoir de lettre.

LAVELINE.

Et de n'écrire jamais de lettres, en en recevant toujours! Mais je n'aurais pas pu y tenir. Sitôt votre lettre lue, j'y répondais des quatre pages, des dix pages, tant que mon amour avait de souffle. Je datais, je mettais l'adresse, je cachetais, et puis...

HENRIETTE.

Et puis vous brûliez, j'espère?

LAVELINE.

Plus souvent! Je jetais à la boîte, un tiroir de mon bureau spécialement affecté à ce service. Avant de partir, j'ai fait la relève. Demain, je vous remettrai le paquet, tout votre courrier en une fois, et vous vous débrouillerez... La grève!

HENRIETTE.

Vous êtes très gentil.

LAVELINE.

Non, c'était de l'égoïsme. Un besoin de vous parler, de vous redire sans fin mon amour, ma fierté de vous avoir, vous, pour amie, pour maîtresse, pour dame comme aux temps anciens... Et ce vieux terme suranné, vous ne vous figurez pas le plaisir enfantin que j'éprouvais à me le répéter : « Ma dame, elle est ma dame! » Même hors de chez moi, même en travaillant, et, depuis quinze jours, Dieu sait si j'ai travaillé!

HENRIETTE.

Moi aussi, je le sais. Mon mari m'a dit toute la besogne que vous donnait cette affaire Hurepoix. Mais, le soir, qu'est-ce que vous faisiez? Comme j'ai pensé à vous certains soirs où la nuit était toute bleue, toute tiède comme celle-ci, et où j'aurais tant aimé vous avoir là près de moi, dans l'ombre, sans rien dire!

LAVELINE.

Ma chérie! Le soir, eh bien, j'allais généralement m'asseoir à un café et je regardais passer les amoureux avec pitié.

HENRIETTE.

Pitié! Pourquoi?

LAVELINE.

Dame, les femmes, ce n'était pas vous. C'était de la grisette, de la midinette, quelquefois pis, et je plaignais les hommes d'en être réduits là. Pauvres diables, ils n'avaient pas une amie comme moi, si fine, si élégante, si rare! Oh! ce que les amours des autres me semblent vulgaires, mesquins, à présent!

HENRIETTE.

Poseur! Et après? Vous ne traîniez pas toute la nuit dans les cafés, j'imagine?

LAVELINE.

Oh! mais non! Je rentrais bien vite, au contraire. Je m'étendais sur le divan... Il y a un petit coussin en point de Hongrie qui a gardé votre parfum avec une fidélité ! Un vrai sachet !

HENRIETTE.

Le point de Hongrie est bien connu pour cela.

LAVELINE.

Je posais ma tête dessus et, le souvenir de vos lettres se mêlant au souvenir de votre parfum, il me semblait être transporté vers vous. Je vous évoquais avec la précision d'un cinéma. Je croyais vous voir entrer au casino en belle toilette. Et puis, sensation ! Les femmes qui se retournent, les hommes qui vous font de l'œil ou qui demandent votre nom, et vous, enchantée de votre petit effet, un peu trop contente même.

HENRIETTE.

Et vous étiez jaloux, bêta !

LAVELINE.

Oh ! pas du tout ! Je me disais que ce joli triomphe, c'était un peu mon œuvre, l'œuvre de notre amour, et j'étais ravi.

HENRIETTE.

Mon cher petit !... A présent, causons vacances. Votre congé commence toujours dans huit jours ?

LAVELINE.

Environ. Le 1ᵉʳ septembre, juste pour votre retour à Paris.

HENRIETTE.

Oh ! non. Moi je vais à Dieppe passer trois semaines chez madame Haubourdin.

LAVELINE, décontenancé.

Charmant ! Et moi dans tout cela ?

HENRIETTE.

Vous ? Mais vous vous installerez bien incognito

dans un petit trou des environs, soit dans les terres, soit sur la côte; on se verra tantôt ici, tantôt là, et avec votre mine de papier mâché, cela vous fera le plus grand bien. Malin! qui ne devine pas que, tout cela, je ne l'ai inventé que pour lui.

LAVELINE, attendri.

Ma chérie!... Oui, mais la veuve Haubourdin, qu'est-ce qu'elle dira?

HENRIETTE.

En voilà une à qui ce sera égal.

LAVELINE.

Vous croyez qu'elle se doute?

HENRIETTE.

Je ne mettrais ma main au feu ni pour ni contre. Il est probable cependant que cet été, en vous invitant chez elle à notre musique d'accompagnement, elle ne pensait pas m'être désagréable.

LAVELINE.

La combinaison me paraît admirable... Mais pour le moment, ce n'est pas tout cela, Henriette. Vous supposez bien dans quel état de cœur et d'esprit je suis arrivé ici, et je ne vous cacherai pas que, pour cette nuit, je forme des projets de la dernière témérité.

HENRIETTE.

Hein?

LAVELINE.

Parfaitement. En gagnant ma chambre, tout à l'heure, j'ai pu me convaincre que nous n'étions pas séparés par des kilomètres, et même que le hasard nous laissait assez isolés du personnel de la maison. Alors j'aurai le sommeil léger qui convient, et je compte absolument sur vous pour venir le troubler avec énergie.

     HENRIETTE, révoltée.

C'est de la démence ! Ici, chez moi, dans la maison de mon mari ! Oh !

     LAVELINE, se levant.

Je vous en prie, Henriette, avec moi pas ce ton-là ! Soyez sincère : si je ne vous avais pas fait cette demande, qu'est-ce que vous auriez pensé?

     HENRIETTE.

J'aurais été affreusement vexée. Ce qui ne me constitue pas un devoir de vous satisfaire. Et si vous voulez savoir, c'est précisément parce que j'avais envisagé cette idée bien avant vous, que je la déclare impossible, irréalisable.

     LAVELINE.

Oh ! Je vous croyais plus brave !

     HENRIETTE.

Ce ne serait pas brave, ce serait vilain, voilà le mot.

     LAVELINE, marchant à travers la pièce.

C'est bien, c'est bien ! Je n'insiste pas. Je suis fixé. Ah ! pour une déception, c'en est une, et pommée encore !

DUCREST, entrant par la droite et se dirigeant vers la table.

Je viens chercher un peu d'essence. Il fait une soif là-dedans !

     LAVELINE, gêné.

Voulez-vous que je vous aide, cher maître ?

  DUCREST, lui donnant une tape paternelle sur la joue.

Merci, mon ami. La commande est justement toute prête : un verre d'orangeade pour cette pauvre madame Hurepoix. Je n'ai qu'à emporter.

HENRIETTE.

Tu gagnes?

DUCREST.

Je me défends péniblement.

Il sort.

HENRIETTE, allant à Laveline.

Maintenant, écoute, méchant, je ne veux pas te faire de peine. Alors, sans prendre d'engagement formel, si cette nuit, un moment, tout me paraît calme, bien endormi...

LAVELINE.

Non, non, réflexion faite, je trouve que vous aviez raison, qu'il vaut mieux pas.

HENRIETTE.

Des bouderies maintenant?

LAVELINE.

Je n'y songe pas. Seulement j'ai été frappé par ce que vous m'avez dit.

HENRIETTE.

Comme cela, le coup de foudre, en une minute? Voyons, qu'est-ce qu'il y a?

LAVELINE, désignant la porte.

Il y a... il y a qu'il est entré. Voilà ce qu'il y a!

HENRIETTE.

Eh bien, il ne vous faut pas grand' chose!

LAVELINE.

Malheureusement! Que voulez-vous, il m'impressionne! Tout à l'heure, en arrivant, je n'avais pas échangé avec lui deux mots que j'en étais tout pâle; et il l'a bien remarqué, d'ailleurs!

HENRIETTE.

Qu'est-ce qu'il vous avait donc dit pour vous faire pâlir?

####### LAVELINE.

Rien d'extraordinaire. Des propos insignifiants. Mais le ton! l'autorité! Ce n'est pas la peur qu'il m'inspire, c'est le respect! Quand je le vois si fort, si puissant, si au-dessus de moi, et que je pense à ma conduite, je voudrais rentrer sous terre. A un homme pareil, lui faire cela, moi, son secrétaire, sa créature! Moi, un pauvre petit stagiaire obscur! Comprenez donc, ma chérie, entre les hommes, entre les talents, il y a des degrés, il y a une hiérarchie! Tromper un homme de cette valeur c'est une toute autre affaire que le premier venu. C'est une affaire capitale, ne nous le dissimulons pas, Henriette, capitale.

####### HENRIETTE.

Bah! on ne l'aurait pas cru il y a un instant.

####### LAVELINE.

Tiens, quand il n'est pas là. Quand je suis seul avec vous, sous le charme de votre tendresse, de vos baisers, de votre grâce, ah! je n'ai pas besoin de vous dire si j'oublie les distances! Vous en savez quelque chose, n'est-ce pas? Mais sa vue, sa présence, et me voilà bouleversé. C'est physique chez moi. Par bonheur, ça passe comme ça vient. Il suffit que je ne le voie pas. Et tenez, rien que de vous avoir fait cet aveu...

####### HENRIETTE, souriant.

Vous vous sentez mieux?

####### LAVELINE, souriant et se rapprochant d'elle.

Henriette, Henriette, il faut oublier tout ce que je vous ai dit! Je vous attendrai cette nuit, je veux que vous veniez.

####### HENRIETTE, se levant.

Vous êtes inouï!

LAVELINE.

Voyons, vous n'allez pas me punir d'un joli mouvement ? Franchement, je ne mérite pas cela.

HENRIETTE.

Non ! Vous voudriez peut-être une médaille ?

LAVELINE.

Ma petite Henriette, promettez-moi de venir. Maintenant, j'ai à chercher un dossier qu'il m'a demandé. Nous ne serons peut-être plus seuls de toute la soirée, promettez-moi vite.

HENRIETTE.

Nous verrons... Peut-être... je ne sais pas...

On entend des cris et des rires à droite.

LAVELINE, sortant à gauche, et à mi-voix, souriant.

Vous viendrez, n'est-ce pas ? Vous viendrez ?

Il sort.

SCÈNE IV

HENRIETTE, DUCREST, puis MADAME SAVREUSE.

HENRIETTE.

Pourquoi cette joie ?

DUCREST.

Parce que je suis éliminé. Oh ! il ne leur en faut pas beaucoup. Où est donc Laveline ? Il est remonté ?

HENRIETTE, remontant vers la droite.

Oui, chercher des papiers, un dossier, je crois...

DUCREST.

Ecoute donc, j'ai à te parler.

HENRIETTE, froidement.

Pas du petit incident Savreuse, j'imagine?

DUCREST, gêné.

Pas exclusivement. D'ailleurs, sans que j'y insiste, tu auras senti de toi-même toute l'inconvenance du procédé.

HENRIETTE.

Oh! par exemple, voilà qui te trompe. Et, puisque l'occasion s'en présente, je tiens à établir nettement la nature de mon intimité avec madame Savreuse : simple mesure de complaisance à ton égard, et qui n'implique de ma part envers cette dame, ni sympathie, ni soumission. Cela, mon ami, dis-le-toi bien.

DUCREST.

Si tu veux, nous réserverons ce petit point-là... Il y a bien pis : il y a cette affaire Hurepoix qui ne laisse pas de devenir fort inquiétante. Plaider pour une affaire douteuse, ils y ont mis le prix, à la rigueur, mais pour une escroquerie qualifiée...

HENRIETTE.

Comme si cela ne t'arrivait jamais!

DUCREST.

En temps ordinaire, cela ne souffrirait pas de difficulté, mais juste au moment de commencer mes visites académiques!

HENRIETTE.

Alors, une fois à l'Académie, tu ne plaideras plus que pour des honnêtes gens? Ce sera gai!

DUCREST.

Une fois à l'Académie, nous verrons... Seulement jusque-là!... Bref, il faudrait d'une façon ou de l'autre éviter le dépôt de cette plainte. A Paris, rien ne me serait plus facile, mais voilà : il y a ce voyage, ce diable de voyage.

HENRIETTE.

Remets-le.

DUCREST.

Oh! impossible! Pour un tas de raisons : les ingénieurs qui m'attendent, le plan d'études qui est arrêté, enfin, mille raisons.

HENRIETTE.

Alors, que veux-tu que j'y fasse?

DUCREST.

Oh! c'est très simple. Je voudrais que tu avances ton retour à Paris de quelques jours, que tu rentres le 25 au lieu du 31.

HENRIETTE.

Mais pourquoi?

DUCREST.

Tu vas voir. Tu me tiens au courant de la plainte, et selon les événements, de Calvarossa je t'envoie les indications pour faire agir soit auprès du procureur général, soit auprès des plaignants. Saisis-tu? Pour tout cela il me faut à Paris quelqu'un de confiance.

HENRIETTE.

Et tes secrétaires?

DUCREST.

Oh! c'est trop délicat. Alors, tout bien pesé, je ne vois guère que toi.

HENRIETTE.

Et encore! Car je ne te cacherai pas que, moi, j'ai l'intention d'aller retrouver dans trois jours, à Dieppe, madame Haubourdin.

DUCREST.

Madame Haubourdin?

HENRIETTE.

Oui. Elle m'invite pour la semaine des courses et après cela à rester jusqu'au 15 septembre.

DUCREST.

Allons donc, mais c'est le premier mot.

HENRIETTE.

J'ai reçu la lettre avant dîner, et j'ai écrit tout de suite que j'acceptais.

DUCREST.

Sans me consulter? Sans me prévenir? Tant pis. Tu te dégageras.

HENRIETTE.

Ah! non, ce déplacement m'amuse beaucoup, et je ne vais pas y renoncer comme cela.

DUCREST, dérouté.

Hein?

HENRIETTE.

Dame, que veux-tu, chacun sa part.

DUCREST.

Mais oui, à toi la fête, à moi la vie de galérien.

HENRIETTE.

Oh! mitigée de barcarolles et de séjour sur les grands lacs. Ne nie pas, c'est dans ton programme. Et tu voudrais que pendant ce temps-là je rentre à Paris par cette chaleur torride, à attendre je ne sais quelles instructions problématiques qui n'arriveront peut-être jamais. Merci, ce serait trop bête.

Elle marche vers la droite.

DUCREST, l'appelant d'une voix étranglée de fureur.

Dis donc, c'est à moi que tu parles?

HENRIETTE.

Mais oui!

DUCREST.

Sur ce ton-là?

HENRIETTE, se retournant avec calme.

Dame!...

Entre madame Savreuse.

DUCREST.

Nous réglerons plus tard cette petite affaire.

HENRIETTE.

Oh! pour moi elle est toute réglée.

DUCREST.

C'est ce qu'on verra. (Souriant à madame Savreuse.) Vous venez vous rafraîchir, chère amie! Que peut-on vous offrir?

VALÉRIE.

Oh! rien. Vous voyez simplement une femme qui rentre chez elle.

HENRIETTE, poliment.

Déjà?

VALÉRIE.

J'ai fini par là, et je tombe réellement de sommeil. (A Ducrest.) Vous seriez même bien aimable de me faire chercher une voiture.

DUCREST.

Mais certainement.

Il sort à gauche.

HENRIETTE.

On vous reverra demain, j'espère?

VALÉRIE.

Oh! Je ne manquerai pas de venir vous dire au revoir!

HENRIETTE.

Ça, c'est gentil... Mais vous m'excuserez, ce doit être mon tour de rentrer.

VALÉRIE.

Faites, je vous en prie.

HENRIETTE.

Et sans rancune, n'est-ce pas? Vous savez, au jeu...

VALÉRIE.

Laissez donc! Je n'y pensais même plus.

HENRIETTE, lui serrant la main.

Alors, bonsoir.

VALÉRIE.

Bonsoir, chère amie.

Henriette sort à droite. Aussitôt Ducrest rentre par la gauche, portant le manteau de madame Savreuse. Il a l'air soucieux et passe le manteau de madame Savreuse en silence.

SCÈNE V

DUCREST, VALÉRIE.

VALÉRIE.

A propos de quoi vous disputiez-vous quand je suis entrée? Pas à mon sujet, j'espère?

DUCREST.

Oh! vous, ce ne serait rien!

VALÉRIE.

Merci toujours.

DUCREST.

Ne plaisantons pas, Valérie. Il vient de se passer un incident des plus fâcheux.

VALÉRIE.

Encore une remise. Nous ne partons pas?

DUCREST.

Mais si.

VALÉRIE.

Alors, qu'est-ce qu'il y a?

DUCREST.

Il y a tout bonnement que ma femme est avec moi en état de rébellion ouverte, je ne vois pas d'autre mot : rébellion ouverte!

VALÉRIE.

Depuis quand?

DUCREST.

Depuis un instant. Pour diverses raisons que je vous conterai, et, en vue de l'affaire Calvarossa, je la priais d'avancer son retour à Paris de huit jours. Croiriez-vous qu'elle a refusé? Oui re-fu-sé! Et sous quel prétexte? Que madame Haubourdin l'invitait à Dieppe! Bien plus, elle a accepté sans me demander la permission, sans même me prévenir!

VALÉRIE.

Et vous aviez vraiment besoin de sa présence à Paris?

DUCREST.

C'est-à-dire que ce m'eût été commode. Mais, côté pratique à part, ce qui me frappe là-dedans, ce dont je ne reviens pas, c'est le fait d'insubordination, un refus d'obéissance aussi caractérisé. Songez donc, une femme que je tenais comme cela, au doigt et à l'œil!

VALÉRIE.

Bah! notre départ presque simultané n'est pas pour l'amuser beaucoup. Cela expliquerait bien des choses.

DUCREST.

Oui, si ce refus était un cas isolé, mais c'est l'aboutissement d'une série d'autres, le bouquet enfin. Alors une conclusion s'impose : quelqu'un monte Henriette contre moi, elle est visiblement sous une mauvaise influence. Seulement laquelle?

VALÉRIE.

Eh bien, si vous voulez, nous approfondirons ce mystère au retour, car, pour le moment, nous avons, il me semble, plus pressant : le rendez-vous là-bas à prendre, les heures à arrêter...

DUCREST.

Ah! oui, au fait.

VALÉRIE, ironique.

Oui, au fait.

DUCREST.

Si vous me chicanez sur chaque mot!... Je vous parle d'une chose, vous me parlez brusquement d'une autre, alors je vous dis : au fait!

VALÉRIE.

Oh! un bien petit fait, rien que notre amour!

DUCREST.

Mais non, ma chérie; notre itinéraire, et l'un nous mènera à l'autre. Seulement, à condition de bien le régler. Voyons, moi je pars demain matin; vous, vous partez demain soir par le rapide de minuit; et après-demain matin on se retrouve à Venise.

VALÉRIE, ahurie.

A Venise?...

DUCREST.

Enfin à Turin.

VALÉRIE.

Ou à Florence, ou à Sienne, ou dans la Calabre,

comme cela se trouvera, quoi? Vous n'avez pas l'air bien décidé.

DUCREST.

Pour une erreur de noms, en voilà des histoires !

VALÉRIE.

Soit, admettons, Turin. Et après?

DUCREST.

Comment, après?

VALÉRIE.

Eh bien, vous oubliez les renseignements que j'attendais là-bas. Je les ai enfin reçus ce soir.

DUCREST, distraitement.

Parfait.

VALÉRIE.

La combinaison Milan pendant que vous habiterez Calvarossa, impossible. Six heures de trajet par jour, vous ne résisteriez pas au trimballage, et moi, dans l'intervalle, je m'ennuierais à périr.

DUCREST, même jeu.

Probable.

VALÉRIE.

Alors il paraît que près de Calvarossa, à une demi-heure en voiture, il y a une petite station minérale charmante : Ponte Nobbio...

DUCREST, même jeu.

Excellent.

VALÉRIE.

Où on me signale une très gentille villa meublée et, ma foi, pour rien : trois cents francs les quinze jours, ce n'est pas cher.

DUCREST, même jeu.

Oh! non.

VALÉRIE.

Un seul inconvénient : la propriétaire, une vieille dame très bien d'ailleurs, veut garder le rez-de-chaussée.

DUCREST, se frappant le front et avec éclat.

Ce doit être madame Bouchotte !

VALÉRIE.

Comment, madame Bouchotte?

DUCREST, marchant.

Ou du moins toutes les apparences sont contre elle : le dépit évident que lui cause notre liaison, l'espèce de tendresse subite dont elle s'est prise pour Henriette. Du reste, j'en aurai le cœur net. (Il marche.) Et dès ce soir ! Ah ! mais !

VALÉRIE, le regardant marcher.

Ecoutez, mon ami, j'ai une proposition à vous faire.

DUCREST.

Faites toujours.

VALÉRIE.

Si nous remettions un peu ce départ?

DUCREST.

Eh bien, il ne manquerait plus que cela !

VALÉRIE.

C'est que ce voyage se présente dans des conditions si différentes de celles que je rêvais. Vous-même, vous êtes devenu si autre...

DUCREST.

Je vous jure...

VALÉRIE.

Ne jurez donc pas. Il n'y a là rien en somme de bien extraordinaire. Notre aventure est vieille de six mois, un laps énorme pour vous. Vous m'aviez d'ailleurs prévenue : vous êtes un de ces hommes qui n'ont pas le temps d'aimer.

DUCREST.

Moi? Je vous ai jamais dit une bêtise pareille?

VALÉRIE.

Sinon en propres termes, du moins à demi-mot. Et puis, que voulez-vous, une escapade comme la nôtre, il me semble que ça doit se faire dans une sorte de folie, d'ivresse, d'entraînement, dans la joie et dans le désir, et non comme une dette qu'on paie à heure fixe, comme un voyage circulaire, comme une excursion Cook...

DUCREST.

Cook? Où allez-vous chercher Cook? Parce qu'un souci me trotte en tête, et un souci de taille, vous me sortez Cook! Ce n'est pas de bonne guerre.

VALÉRIE.

Peut-être de bonne amitié. Vous seriez si libre, si tranquille sans moi. Et l'autre qui me supplie toujours, qui serait si heureux que je lui revienne.

DUCREST.

Après Cook, Chantaud, maintenant! A qui le tour? Mais ce soir, je suis résolu à ne pas me fâcher. Pour élucider ce petit problème, j'ai besoin de tout mon calme, de tous mes nerfs. Seulement vous me paierez cela en route, ma petite.

VALÉRIE.

Nous partons donc? Vous y tenez?

DUCREST.

Cette question! Et vous verrez le beau voyage, et les ivresses, et les folies, et tout ce que je souhaite autant que vous.

ADOLPHE, entrant.

La voiture de madame Savreuse est avancée.

Il sort.

DUCREST, attirant Valérie contre lui.

Alors à après-demain matin, gare de Turin. Vous voyez, j'ai bien dit Turin, Torino!

VALÉRIE.

C'est admirable!

DUCREST.

Et nous passerons des heures exquises.

VALÉRIE.

Croyez-vous?

DUCREST, avec force.

Il le faut, j'en fais mon affaire.

Elle sort.

SCÈNE VI

DUCREST, seul, puis ADOLPHE, puis LAVELINE.

DUCREST, seul, se promenant.

C'est évidemment Félicie Bouchotte, ou encore madame Haubourdin... Mais oui... Mais pourquoi pas? (Il sonne. Adolphe paraît.) Priez M. Laveline de descendre me parler. (Adolphe sort.) S'il a vu quelque chose, celui-là me dira tout.

LAVELINE, entrant, un paquet de dossiers sous le bras.

Voici les dossiers, cher maître. D'abord...

DUCREST.

Je verrai plus tard, posez çà et là. Il y a plus urgent. Asseyez-vous, et écoutez-moi... (Laveline s'assied visiblement gêné.) Je tiens à vous prévenir que cette conversation est rigoureusement confidentielle et que je désire que tout ce qui va se dire ici reste absolument entre nous.

LAVELINE.

Mais, mon cher maître...

DUCREST.

Ne m'interrompez pas, je vous en prie. Je suis fort énervé, je perdrais le fil. Contentez-vous, mon petit, de répondre à mes questions, et aussi nettement que possible ; avec moi d'ailleurs, vous savez que les équivoques ne servent à rien. En deux mots, voici : il se passe actuellement dans mon ménage des choses déplaisantes, des choses étranges et sur lesquelles je suis décidé à faire la pleine lumière. (Laveline a saisi un coupe-papier et joue avec par contenance.) Laissez donc ce coupe-papier... (Il le lui retire.) Je dis la pleine lumière... Mais d'abord procédons par ordre... Cet été à Paris, vous avez assisté une douzaine de fois aux séances de musique de chambre organisées par madame Haubourdin ?

LAVELINE.

Oui, mon cher maître.

DUCREST.

Qui y avait-il à ces séances ?

LAVELINE.

Madame Haubourdin, naturellement, madame Magnan pour le violoncelle, moi pour le violon, et Warlé l'accompagnateur.

DUCREST.

Et madame Ducrest que vous oubliez !

LAVELINE.

Et madame Ducrest.

DUCREST.

Et vous n'avez jamais remarqué entre madame Ducrest et une personne de l'assistance des colloques, des aparté ?

LAVELINE.

Mon Dieu non, cher maître.

DUCREST.

Vous êtes bien sûr ? On ne faisait pourtant pas de la musique à jet continu. On devait causer.

LAVELINE.

Oui, mais à la fois, tout le monde ensemble.

DUCREST.

Ainsi jamais de petits secrets, de bavardages dans les coins, avec une personne ?

LAVELINE.

Non, mon cher maître, sincèrement, je n'ai pas souvenance.

DUCREST.

Alors pour rafraîchir votre mémoire, mon ami, je vais préciser : je soupçonne quelqu'un, je soupçonne même fortement ce quelqu'un d'exercer sur mon ménage une influence néfaste, pernicieuse. (Laveline tousse.) Vous dites ?

LAVELINE.

Je ne dis rien, cher maître.

DUCREST.

Bref, sans que je puisse entrer dans plus de détails, depuis quelque temps il s'est produit dans l'attitude de madame Ducrest à mon égard un changement qui m'irrite et me choque. Elle a pris avec moi un ton d'indépendance, de désinvolture, je dirai presque d'irrévérence, qui certainement ne vient pas d'elle. Ce

n'était ni dans sa nature, ni dans ses moyens. Donc, quelqu'un lui monte la tête, la suggestionne contre moi. Vous ne devinez pas qui?
LAVELINE.

Mais non, cher maître.
DUCREST.

Eh bien, moi, je vais vous le dire. (Triomphalement.) C'est madame Haubourdin.
LAVELINE, avec soulagement.

Ah!
DUCREST.

Oui, tout me dit que ce doit être elle. Pourtant, avant d'agir, il me faudrait des confirmations. Pouvez-vous m'en donner? Avez-vous noté dans ce sens quelque chose? Réfléchissez bien.
LAVELINE, avec volubilité et aisance.

Non, mon cher maître, je vous répète, rien de spécial. Entre ces dames, des propos vagues, de la cordialité mondaine, aucun symptôme de collusion.
DUCREST.

Alors, c'est bien, n'en parlons plus. Je me renseignerai ailleurs. Seulement, je vous rappelle, mon petit, tout ceci entre nous, le secret professionnel. Pas un mot à âme qui vive, même à votre petite amie.
LAVELINE.

Voyons, cher maître...
DUCREST.

Oh! mais c'est qu'avec les femmes, vous savez!... Maintenant, montrez ces dossiers.
HENRIETTE, entrant à droite.

Dis-moi, mon ami, la demi-finale est terminée, et tout le monde s'en va. Madame Hurepoix n'a personne pour la reconduire, et, comme c'est à deux pas, veux-tu t'en charger?

DUCREST.

Mais volontiers. (Henriette sort à droite.) Alors, à demain matin, Laveline. Neuf heures, n'est-ce pas?

Il sort. Laveline reste seul debout à feuilleter le dossier d'un doigt distrait. Dans la pièce voisine, brouhaha d'au-revoir et de départ. Henriette entre par la droite.

SCÈNE VII

HENRIETTE, LAVELINE.

LAVELINE.

Partis? Plus personne?

HENRIETTE.

Plus personne. Mais qu'avez-vous? Vous êtes tout pâle!

LAVELINE.

On le serait à moins. Le patron vient de me soumettre à un de ces interrogatoires! J'ai cru un moment qu'il savait tout.

HENRIETTE.

Vous plaisantez.

LAVELINE.

Je vous jure. Il procédait par des questions telles! J'en ai chaud encore! Heureusement, ce n'était pas cela. Il se figure simplement que madame Haubourdin vous excite contre lui, vous pousse à la révolte.

HENRIETTE, *souriant*.

C'était à prévoir. Mon voyage à Dieppe qui ne passe pas. Mais bien plus, croyez-vous qu'il voulait que je rentre à Paris tout de suite pour surveiller son affaire Hurepoix.

LAVELINE.

Eh bien, merci. Vous avez refusé, j'espère ?

HENRIETTE.

Et comment !

LAVELINE.

Voilà ! Tout s'explique. Seulement moi qui ignorais, et en plus cette espèce de trouble qu'il me cause toujours, vous devinez, ma chérie, si j'étais brillant !

HENRIETTE, souriant.

Je vois ça d'ici.

LAVELINE.

N'empêche que, pour l'avenir, il faudra tenir compte. Il est très monté, je vous avertis.

HENRIETTE.

Manque d'habitude. Deux ou trois regimbages de ce genre et le pli sera pris. Mais, comme dans son état il pourrait très bien reprendre la discussion maintenant, j'aime autant ne plus être là.

LAVELINE.

Surtout qu'avec nos petits projets, ce ne serait pas précisément le soir.

HENRIETTE.

Alors un baiser, mon amour, et vite, chacun chez nous.

LAVELINE, lui embrassant la main.

Mais vous savez, chérie, à tout à l'heure. Vous vous rappelez. C'est promis ?

HENRIETTE.

Je ferai l'impossible. Sauvez-vous, mon petit.

Laveline sort en lui envoyant des baisers. Henriette va vers la balustrade de la terrasse et y ramasse son écharpe. Comme elle remonte vers la gauche, Ducrest entre par la droite.

SCÈNE VIII

DUCREST, HENRIETTE.

DUCREST.
Reste donc, je veux que nous causions un peu.
HENRIETTE.
Nous aurons tout le temps demain matin.
DUCREST.
Demain matin, j'ai d'autres besognes. Je désire que dès ce soir ce petit différend soit vidé.
HENRIETTE.
Encore?... A quoi bon? Je t'ai dit que j'irais là-bas, et j'irai. Un point, c'est tout.
DUCREST.
Ainsi, quand je te demande un service de cette importance...
HENRIETTE.
Eh! c'est justement que l'importance m'en échappe. Il s'agirait d'une chose utile, tu me connais, je serais la première à m'incliner; mais, avec les moyens de communication actuels, avec le téléphone, le télégraphe, tu peux très bien te passer de moi.
DUCREST.
Permets, ma chère, tu oublies que je ne te fais pas juge de la question. Ce serait sortir de nos habitudes.

HENRIETTE.

Mais je n'y vois pas d'inconvénient

DUCREST.

Ah! bon! C'est un régime nouveau que tu inaugures? Bien, bien, bien! Alors, il faut le dire. Jusqu'ici, je faisais fonds absolu sur ton appui, sur ton dévouement...

HENRIETTE.

Le dévouement, oui, mais pas l'obéissance passive.

DUCREST.

C'est que je ne conçois pas l'un sans l'autre.

HENRIETTE.

Je regrette.

DUCREST.

Tu regretteras peut-être plus que tu ne crois. Si chaque fois que j'aurai recours à toi, je suis obligé d'instituer un débat sur le plus ou moins d'urgence, il n'y a plus d'autorité possible, c'est l'équilibre de notre ménage rompu.

HENRIETTE.

Non, rétabli.

DUCREST.

De mieux en mieux. Tu prétends traiter d'égal à égal? C'est bien ce que je disais : rébellion ouverte. Et d'où te sont venues tout à coup ces belles idées?

HENRIETTE.

Elles ne me sont pas venues tout à coup. Elles me sont venues peu à peu.

DUCREST.

Je veux dire : qui te les a fournies?

HENRIETTE.

Oh! personne. Il a suffi de l'âge, de la réflexion, de

l'expérience. Douze ans de sujétion continue, cela pèse à la longue, tu sais, et, sans se mettre en révolte ouverte, on peut très bien avoir le besoin de respirer.

DUCREST.

Ouais, aujourd'hui, c'est à Dieppe, demain ce sera ailleurs. Avec tes besoins respiratoires nous irions loin. Mieux vaut arrêter tout de suite les frais. Ou tu rentreras à la date fixée par moi, ou, si tu persistes dans ton refus, si tu t'obstines à partir pour Dieppe...

HENRIETTE.

Eh bien ?

DUCREST.

Eh bien, je déplore de te le dire si nettement, mais à bref délai ce serait la séparation.

HENRIETTE.

Autant ce prétexte-là qu'un autre.

DUCREST.

Ah! c'est cela ton cri de douleur ?

HENRIETTE.

Cette séparation me causerait certainement beaucoup de peine ; mais, si tu la juges nécessaire, qu'est-ce qui pourrait l'empêcher ?

DUCREST.

Peut-être moins d'entêtement, une légère concession de ta part.

HENRIETTE.

Après celle-là une autre ; ce serait à recommencer chaque jour. Moi, franchement, je ne m'en sens plus le goût.

DUCREST.

Et tu préfères le divorce?

HENRIETTE.

Ce n'est pas moi qui en ai parlé, ce n'est pas à moi de m'y opposer. Malgré toute l'affection, il y a le respect de soi-même, la dignité.

DUCREST.

Entendu, voilà qui me suffit. J'ai le plaisir de t'annoncer que tu peux t'en aller demain à Dieppe, à Trouville, et pour tout le temps qu'il te plaira. Ce n'est fichtre pas moi qui t'en empêcherai! Maintenant, je suis amplement fixé. Seulement, laisse-moi te dire que, si tu tables sur ce moyen-là pour me mater, tu fais fausse route.

HENRIETTE.

Je ne saisis pas?

DUCREST.

Ne fais donc pas la bête! Je vois clair dans ton jeu. A tort ou à raison, tu as tiqué sur une certaine dame et tu as cru très malin, pour me reprendre, de me taquiner, de me contrecarrer, d'arborer des airs dégagés. C'est cela? J'ai deviné? Eh bien, ma chère amie, je te pardonne pour cette fois en faveur de l'intention, mais sache que si ce bluff aboutit parfois avec des subalternes, des individus de troisième classe, avec un homme comme moi, Ducrest, ça ne pouvait rien donner de bon. D'abord c'était trop tard.

HENRIETTE.

Je trouve aussi.

DUCREST.

Mais pas dans le même sens que moi. Trop tard, parce qu'il y avait tout le passé contre. Quand on a été, pendant douze ans, la femme aux petits soins, la femme soumise, docile, empressée que tu as été — et que d'ailleurs tu devais être — qui espère-t-on tromper en adoptant le genre contraire? C'est une malice cousue de fil blanc et, qui plus est, pleine de dangers. Car suppose que je t'aie prise au mot, que j'aie poussé à fond cette séparation, qui en était le mauvais marchand? Sans reproche, rappelle-toi pourtant d'où tu es partie, où je t'ai prise.

HENRIETTE.

Mais ne te gêne pas, dis-le donc!

DUCREST.

Dame, dans la petite bourgeoisie que tu sais, dans une situation qui ne te permettait que les ambitions les plus modestes. Mais tu m'avais plu et ce m'a été une joie de te faire partager mes succès et de te hausser avec moi où je t'ai mise. Seulement, quand on a eu cette chance, on s'en contente et l'on ne joue pas comme cela les sultanes offensées. Ce n'est pas de ton emploi; tu y risques trop gros, ma petite.

HENRIETTE.

Tu crois ?

DUCREST.

Mais parfaitement, et pour ta gouverne, j'en dirai autant de cette crise de coquetterie touchante, mais enfantine, sur laquelle tu sembles fonder tant d'espoirs.

HENRIETTE.

Moi?

DUCREST.

Dame! A quoi rimaient tes frais de toilette, tous ces manèges de séduction, depuis trois mois, si ce n'était pas pour m'éblouir? J'ai des yeux, n'est-ce pas? Tu ne vas pourtant pas me donner à croire que c'était pour un autre? (Un temps.) Pour un autre? Tiens, laisse-moi rire. Ce serait du plus haut comique.

HENRIETTE, d'une voix blanche.

Ah! cela te paraîtrait comique?

DUCREST, dédaigneusement.

Mais oui, infiniment drôle, comme tout ce qui est invraisemblable et disproportionné.

HENRIETTE.

Tu crois?

DUCREST.

Je t'en fais juge. Non, mais, ma pauvre enfant, te vois-tu, toi, avec tes instincts, avec tes idées bourgeoises, lancée dans les rendez-vous, dans une liaison? Que dans des moments de colère, l'envie t'en soit parfois venue, possible. Mais passer à l'exécution, ça je t'en défie.

HENRIETTE.

Vraiment?

DUCREST.

Oh! oui. Et puisque tu as l'air de me braver et de te complaire dans cette plaisanterie douteuse, laisse-moi te faire remarquer que s'il est des femmes qui provoquent les assiduités, les désirs, tu n'es pas de celles-là, ma chère. Tu n'en as ni l'allure, ni la ligne. Une aventure, c'est bientôt dit, mais il faut être deux!

HENRIETTE, avec une rage contenue.

Et qui te dit que nous ne sommes pas deux?

DUCREST.

Allons donc, à d'autres!

HENRIETTE.

Oui, tu n'en reviendrais pas, n'est-ce pas, que j'aie pu inspirer de l'amour, moi! Ne plus compter pour toi et compter pour les autres, cela te dépasse. Tu hausses les épaules ? Bah ! que veux-tu, la vie a de ces bizarreries. Et quoique, d'après toi, je n'aie ni l'allure, ni la ligne, il s'est rencontré pourtant un fou pour m'aimer et pour oser me le dire, et je l'ai écouté avec délices, et je l'aime, et il m'aime. Et puisque, selon toi, il faut être deux, eh bien, nous sommes deux, ça, je te le garantis.

DUCREST, éclatant.

Ainsi, tu m'as fait cela à moi, à moi !

HENRIETTE, criant plus fort.

Mais oui, à toi, à toi, comme tu me l'avais fait à moi, à moi !... Oui, j'ai un amant, j'ai un amant !

DUCREST.

Eh bien, quoi ? Ce n'est pas une raison pour ameuter tout le voisinage... Tu ne supposes pas être la première ! (Un temps.) Quant à moi, tu peux voir si je suis frappé. Seulement, pour te dire mon impression sur ce que tu as fait là, c'est imbécile.

HENRIETTE.

Tout le monde n'a pas ton génie !

DUCREST.

Il ne s'agit pas de génie. Il ne s'agit même pas de gratitude. Il suffisait du sentiment des convenances, du sentiment des obligations que t'imposait notre rang, notre nom, notre situation ! Seulement, comme obligations, tu ne connaissais que les miennes. Et le jour où le succès m'est venu, j'aurais dû froidement en repousser tous les avantages : adulations, cajoleries et le reste. Non, ma petite. Erreur sur la personne. Avec ces idées-là, ce n'est pas un mari comme moi qu'il te fallait, c'était un brave monsieur quelconque, monsieur Machin, monsieur Tartempion... Mais quand on s'appelle madame Ducrest, quand votre mari a fait de vous une des reines de Paris, on se conduit en princesse régnante, on sait qu'étant à l'honneur il faut être aussi à la peine, enfin, on a de la tenue, voilà la chose capitale, et on ne se venge pas grossièrement comme une grisette de roman-feuilleton, au risque de salir par des représailles stupides un homme comme moi à qui l'on devait tout.

HENRIETTE.

Et après?

DUCREST.

Après? Eh bien, il va falloir tâcher de sortir de là.

HENRIETTE.

Rien de plus simple, il me semble. Toi, tu rejoins cette personne...

DUCREST.

Comment donc! Je ne pense qu'à ça, surtout après ce que je viens d'apprendre. C'est fait pour me donner des ailes. Avec cette dame, cela promettrait. Non, ma chère, si c'était ça ton calcul, fais-en ton deuil. Raye madame Savreuse de tes papiers comme moi je la raye des miens, et surtout mets-toi bien ce principe en tête : pas de divorce, à aucun prix.

HENRIETTE.

Même si j'avouais tout? Même si j'assumais tous les torts?

DUCREST.

C'est ça : à toi les torts, à moi le ridicule! Jolie combinaison!

HENRIETTE.

Eh bien alors, l'inverse. C'est moi qui demande le divorce. Comme cela, personne ne sait rien de mon aventure, et ton prestige reste intact.

DUCREST.

Oui, jusqu'au jour où, fatalement, tu afficheras ton bon ami, si tu ne l'épouses pas, et où tout le monde devinera le dessous des choses. Dans les deux cas, mon nom atteint, diminué, bafoué! Merci bien. Le ridicule, dans ma situation, c'est un luxe qui ne m'est pas permis. Il y a des hauteurs dont on ne descend pas, dont on ne peut que tomber. Eh bien, je ne veux pas tomber !

HENRIETTE.

Alors, qu'est-ce que tu veux?

DUCREST.

Le silence sur toutes ces vilenies. Nous sommes trois à savoir. C'est un de trop. Que cet individu s'en aille, qu'il disparaisse, et rapidement. Il n'y a que cela de possible.

HENRIETTE.

Ah! voilà ta solution! Tu me demandes purement et simplement la rupture?

DUCREST.

Pas autre chose.

HENRIETTE.

Eh bien, ça, n'y compte pas, car cela ne sera pas.

DUCREST, exaspéré.

Plaît-il?

HENRIETTE.

Mais non, cela ne sera pas. Et ni tes cris, ni les menaces, rien n'y fera. Pendant des années, j'ai tout subi de toi, je t'ai vu faire de mon salon une sorte de mauvais lieu, une sorte de harem où tu appelais tantôt l'une, tantôt l'autre, et cela sous mes yeux, férocement, sans un ménagement, sans une excuse ! Je n'ai rien dit! Et j'ai accepté, et j'ai perdu à ce supplice ma gaieté, ma jeunesse, mon goût de plaire. Tout m'était devenu égal, comme aux agonisantes. Et quand quelqu'un surgit pour me tirer de cette détresse, quand par miracle je recommence à vivre, c'est cela que tu inventes, c'est cela que tu exiges au nom de ta quiétude, de ta situation, de ton égoïsme : que je rompe, que je congédie d'un trait de plume. Ça non! Pour épargner ton honneur, ta dignité, ton amour-propre, tout ce qu'il faudra, mais mon bonheur, je le garde, et ce n'est pas toi qui me le reprendras.

DUCREST.

Ton bonheur! Ton bonheur! Non, mais ma parole, on dirait que depuis douze ans, je n'ai fait de ta vie qu'un long martyre. Eh bien, et la situation exceptionnelle que je t'avais créée, et les hommages de tout Paris, et la célébrité, tu boudais dessus, n'est-ce pas ? Et qui sait, tu rougissais peut-être de porter mon nom ?

HENRIETTE, avec fièvre.

Ah! cela c'est vrai, je m'appelais madame Ducrest. J'avais des relations superbes, je figurais dans toutes les solennités, on me citait dans toutes les gazettes. Mais la publicité ne s'arrêtait pas là et tu sais bien que mes chagrins étaient plus vite connus que mes joies. Pas une de tes aventures qui ne fût officielle dans les vingt-quatre heures, pas une de mes souffrances qui ne devînt aussitôt le potin des thés et des journaux. Puis après cela, quand il me fallait entrer dans un dîner, dans une salle de première où ta nouvelle maîtresse paradait dans son avènement, et que je sentais sur moi toute la risée des regards, toute la pitié des arrière-pensées, oh! alors, je te jure bien que j'aurais donné beaucoup pour ne pas être madame Ducrest, pour être simplement la femme de ce monsieur quelconque, dont tu me parlais tout à l'heure. Au moins, dans cette classe-là, on peut souffrir incognito, et on n'a pas toute une galerie pour guetter votre angoisse ou pour épier vos larmes. Ton nom, ton grand nom, ton beau nom, mais reprends-le donc une bonne fois, et que d'autres connaissent à leur tour la torture de cette charge!

DUCREST.

Certainement que je le reprendrai, et plus tôt que tu ne penses, misérable petite ingrate. Mais à mon moment, à mon heure, et d'ici-là, tu vas m'obéir.

HENRIETTE.

Dans la mesure où je t'ai dit : tout pour ton amour-propre, rien contre mon amour.

DUCREST.

Eh bien, soit! Dommage pour dommage, moi je travaille dans le grand, et puisque tu m'accules à ce divorce, eh bien, tu l'auras, mais soigné, mené par moi, à ma manière, un divorce à la Ducrest, quelque chose de sensationnel. Et si j'y sombre, tant pis, tu auras des chances d'y rester aussi, je te le promets! Maintenant, pour commencer, tu vas immédiatement me dire le nom de ce monsieur.

HENRIETTE.

Que je t'aide, moi? Que je te renseigne, après toutes tes menaces infâmes? Ah! non, par exemple! Tu feras ta jolie besogne tout seul.

DUCREST.

A ton aise. Mais dans ce cas, boucle-moi tes malles ; car, pas plus tard que demain, nous serons en route pour Paris.

HENRIETTE.

Et pourquoi donc ?

DUCREST.

Pourquoi ? Parce qu'à Paris, en huit jours, si bien que vous vous cachiez, je me charge de tout découvrir. Et alors, gare !

HENRIETTE, sortant.

Soit, tu chercheras.

DUCREST, avec éclat.

Et je trouverai ! (La poursuivant.) Et je trouverai ! (Seul et marchant à travers la pièce.) Quel toupet tout de même ! M'avoir fait ça, à moi ! à moi !... La misérable !... La petite misérable ! Mais je la briserai, oui, je la briserai comme verre !...

Et le rideau baisse sur ces balbutiements de fureur.

Acte Troisième

Même décor qu'au premier acte. Le cabinet de travail de Ducrest. Pas de feu dans la cheminée. Sur une table, à droite, contre le mur, une grosse pile de livres brochés. Pas de fleurs dans les vases. Un certain désordre dans la pièce, journaux qui traînent, meubles rangés de travers, etc. Au lever du rideau, Ducrest entre par le fond, chapeau de paille, gants, serviette de cuir sous le bras. Il a l'air soucieux, les sourcils froncés. Adolphe, qui le suit, l'aide à se débarrasser.

SCÈNE PREMIÈRE

DUCREST, ADOLPHE, puis JULIE.

DUCREST.

Qu'est-ce que c'est que ces journaux qui traînent? Enlevez-moi donc cela. Il faut tout vous dire! Et ce relieur, est-il venu, enfin?

ADOLPHE.

Oui, monsieur.

DUCREST.

Bon. (Apercevant les livres.) Mais alors, ces livres, qu'est-ce qu'ils font ici?

ADOLPHE.

Je n'ai pas osé les remettre. Monsieur n'avait pas

laissé d'ordres. On a été demander à madame qui a dit qu'elle ne savait pas.

DUCREST.

C'est bon. Quand cet homme reviendra, vous lui donnerez cela.

Adolphe sort et se croise avec Julie.

JULIE, entrant avec des lettres sur un plateau.

C'est le courrier, monsieur.

DUCREST, prenant les lettres.

Merci. (Regardant.) Encore des prospectus. (Il les jette. Voyant une lettre posée sur un plateau.) Qu'est-ce que c'est que cette lettre?

JULIE.

Oh! ce n'est pas pour monsieur, c'est pour madame.

DUCREST.

Montrez. (Il examine l'enveloppe, les cachets, et rendant la lettre.) Allez. (Julie sort. Ducrest seul.) Et voilà où j'en suis! Ah! il est temps que cela cesse.

Il s'assied à son bureau, ouvre un dossier d'un geste las. Il reste l'œil fixe, visiblement sans lire. Henriette entre au fond, chapeau, toilette de sortie, une lettre ouverte à la main.

SCÈNE II

DUCREST, HENRIETTE.

HENRIETTE.

Dis-moi, je reçois cette lettre des Bouchotte. Ils sont réinstallés dans leur propriété de Louveciennes, et ils demandent si nous voulons venir passer une huitaine. Que dois-je répondre?

DUCREST.

Mais ce que tu voudras, tu es libre.

HENRIETTE.

Tu iras, toi?

DUCREST.

Jamais de la vie.

HENRIETTE.

Tu ne prétends pas cependant que j'y aille seule?

DUCREST.

Je n'ai aucune prétention. Vas-y ou n'y vas pas, cela te regarde.

HENRIETTE.

Enfin, tout de même, depuis trois semaines que nous sommes rentrés, je voudrais bien savoir une bonne fois si on reste à Paris, ou si on va ailleurs. Cette incertitude est insupportable.

DUCREST.

Mais je serais fort embarrassé de te renseigner, je n'en sais rien moi-même.

HENRIETTE.

Eh bien, quand tu seras décidé, tu auras la bonté de me prévenir. L'auto est en bas?

DUCREST.

Oui, pourquoi?

HENRIETTE.

Parce que si tu ne t'en sers pas, j'ai quelques courses à faire. Je serai revenue dans une heure.

DUCREST.

Oh! je n'en ai pas besoin avant.

HENRIETTE.

Alors, au revoir.

DUCREST.
Au revoir.

SCÈNE III

DUCREST, ADOLPHE, puis HUREPOIX.

DUCREST, seul, regardant sa montre.
Deux heures. Non, ce n'est pas une heure de rendez-vous. Et puis elle ne prendrait pas l'auto, mon auto. Enfin, puisque cela va finir. (A Adolphe qui entre.) Qu'est-ce que c'est ?

ADOLPHE.
C'est M. Hurepoix. Et puis il y a aussi une délégation de l'Association des étudiants, quatre jeunes messieurs.

DUCREST.
Oh! mais c'est beaucoup trop tôt. J'avais dit dans le courant de l'après-midi. Dites à ces messieurs que je regrette, mais qu'il m'est impossible de les recevoir avant six heures, et faites entrer M. Hurepoix. (Adolphe sort et introduit M. Hurepoix.) Bonjour, Hurepoix.

HUREPOIX, lui serrant la main.
Mon cher maître, votre serviteur.

DUCREST.
Eh bien! Vous avez reçu mon mot ? Vous avez compris le moyen de procédure que je vous offre ?

HUREPOIX.
Il me semble, cher maître : faire défaut d'abord, puis reconstituer la société sur des bases plus régulières. C'est bien cela, n'est-ce pas ?

DUCREST.

C'est cela même. Et ça vous plaît?

HUREPOIX.

En principe, certainement, cher maître. Cependant, si nous faisons défaut, nous commençons par être condamnés.

DUCREST.

Provisoirement, pour rire.

HUREPOIX.

Il n'y a tout de même pas de quoi!

DUCREST.

Et l'être pour de bon, croyez-vous que ce serait plus gai?

HUREPOIX.

Vous pensez donc sincèrement qu'une condamnation est inévitable?

DUCREST.

Voyons, mon cher Hurepoix, je n'ai pas à vous apprendre combien votre cas est fâcheux? Alors, pourquoi ergoter?

HUREPOIX.

Dame, malgré tout le respect que je vous dois, il me semble que dans certaines circonstances, le droit du client, et même le devoir de l'avocat...

DUCREST, nerveusement.

Mes devoirs! Oh! permettez, mon bon monsieur! Là-dessus, je n'ai pas l'habitude que les clients me fassent la leçon. Vous seriez le premier. D'ailleurs, pour simplifier, reprenez donc votre dossier. Cette affaire ne m'avait jamais rien dit, et j'en ai maintenant par-dessus la tête.

HUREPOIX, consterné.

Permettez, cher maître...

DUCREST.

Comment! Vous êtes dans le dernier pétrin, sous le coup de la justice, à deux doigts du bagne. J'ai pitié, je lâche tout, plaisirs, vacances, amis, pour courir à votre aide...

HUREPOIX.

Ah! non, cher maître, ah! non. Il ne faut pas me dire à moi que vous êtes rentré pour nous, il ne faut pas. Ma femme était là-bas, et on sait bien ce qui s'est passé. Vous êtes rentré parce que vous y étiez forcé, tout bonnement. Je regrette de mettre madame Ducrest en cause, mais vous le prenez aussi sur un ton!

DUCREST.

Madame Ducrest?

HUREPOIX.

Oh! je vous dis ce qu'on raconte.

DUCREST.

Et qu'est-ce qu'on raconte? Vous avez commencé, précisez.

HUREPOIX.

Bah! des potins de villes d'eaux, sans doute. Que ce départ en coup de foudre, ce départ du jour au lendemain, c'est madame Ducrest qui l'a exigé, pour vous éloigner d'une certaine dame que je n'ai pas besoin de vous nommer.

DUCREST.

Ne vous gênez donc pas.

HUREPOIX.

Et comme votre départ a presque coïncidé avec l'arrivée d'un ancien ami de cette personne... Vous voyez, ce n'est pas bien grave, et je vous dis tout.

DUCREST, avec un soupir de soulagement.

Ouais! Et je vous en remercie. Mais franchise pour franchise, votre police vole son argent. Si je suis revenu avec cette hâte, c'est pour vous, uniquement pour vous. Et mettons les points sur les *i* : si ma cliente madame Savreuse a permis à M. Chantaud de la rejoindre, c'est sur mes avis, sur mes conseils, en vue d'un mariage qui ne tardera pas. Vous voilà bien renseigné cette fois. Maintenant, mon cher monsieur, au plaisir de vous revoir. Quand vous aurez à m'apporter une affaire de meilleur aloi, vous me trouverez tout à votre service.

HUREPOIX.

Voyons, mon cher maître, ce n'est pas sérieux! Vous m'avez rudoyé, je me suis monté. Vous n'allez pas nous lâcher pour cela?

DUCREST.

N'insistez pas, mon cher Hurepoix. Vous voudrez bien faire tenir à ma disposition les papiers que j'ai laissés chez vous, je les enverrai reprendre tantôt.

HUREPOIX, se levant.

Entendu, mon cher maître. Mais vous nous reviendrez. Je ne considère pas cela comme votre dernier mot.

DUCREST.

Vous avez tort, Hurepoix, tout à fait tort. Ah! si vous écrivez à madame, n'oubliez pas de me rappeler à son bon souvenir.

HUREPOIX.

Je n'y manquerai pas. Mais mon Dieu que je suis ennuyé! C'est le désastre pour nous, le désastre!

Il sort en levant les bras. Laveline est entré sur les deux dernières répliques.

SCÈNE IV

DUCREST, LAVELINE.

DUCREST.

Voilà, mon petit Laveline, que cela vous serve d'exemple. Dévouez-vous pour les gens... Vous vous rappelez, n'est-ce pas, ce que j'avais fait pour ceux-là ?

LAVELINE.

Certainement, cher maître.

DUCREST.

Eh bien, devinez ma récompense ? Des ragots imbéciles, toute une légende, d'après laquelle je ne serais rentré que sous les menaces de ma femme prise de je ne sais quelle jalousie stupide... Voilà les beaux remerciements que m'a apportés ce monsieur.

LAVELINE.

Oh ! c'est indigne. Alors ?

DUCREST.

Alors, j'ai fait ce qui s'imposait, je lui ai envoyé son dossier à travers la figure, en le priant d'aller se faire coffrer ailleurs. Du reste, je ne suis pas autrement fâché de cet incident qui va me permettre de me reposer et de quitter Paris.

LAVELINE.

Ah ! vous allez vous absenter ?

DUCREST.

Probablement, dans quelques jours. Dans trois ou quatre jours, j'espère. J'ai besoin de me détendre les nerfs, de voir du pays. J'étouffe ici, je suis excédé. Et même, à ce propos, j'ai une offre à vous faire. Madame Ducrest va sans doute passer quelque temps chez les Bouchotte; alors, qu'est-ce que vous diriez d'un voyage avec moi, à nous deux, entre hommes? On irait visiter les grands lacs d'Ecosse; et puis au milieu de septembre on descendrait près d'Edimbourg, chez un de mes amis, tirer quelques oiseaux. Il y a là des sites incomparables, des chasses magnifiques. Cela vous dit-il?

LAVELINE, gêné.

Mon Dieu, cher maître...

DUCREST.

Oui, pas plus que cela. Evidemment, votre petite amie, hein? Est-elle jolie, au moins, votre petite amie?

LAVELINE, même jeu.

Elle n'est pas mal.

DUCREST.

Eh bien, nous l'emmènerions. Cela me ferait du bien de voir des gens qui s'aiment, qui sont heureux. Et n'ayez pas peur, je vous jure que je serais très convenable. Cela vous va-t-il comme cela?

LAVELINE.

Mon cher maître, pardonnez-moi, mais ce n'est pas mon amie qui me retient.

DUCREST.

Alors, qu'est-ce que c'est?

LAVELINE.

Depuis plusieurs jours j'hésitais à vous le dire, mais je vais être forcé de vous quitter.

DUCREST, avec tristesse.

Vous aussi! (Vivement.) Je veux dire que vos collègues étant en vacances, cela ne me paraît guère le moment. Enfin me quitter pourquoi? Pour aller où?

LAVELINE.

Voilà, cher maître : le premier clerc de M. Richot, l'avoué, va s'établir en province. M. Richot, se trouvant au dépourvu, m'a convoqué la semaine dernière. Il m'a fait des offres inespérées, mes ressources sont restreintes, et je n'ai pas eu le courage de refuser.

DUCREST.

Et Richot ne m'a pas prévenu! Et vous m'avisez comme cela, de but en blanc! Ah! vous êtes gentil! Mais si vous ne gagniez pas assez, il fallait le dire : j'aurais vu à vous augmenter. Et puis, à votre âge, avec votre talent, avec un métier qui pouvait vous mener à tout, vous enfermer dans une étude avec des scribes et des saute-ruisseau, c'est de la démence!

LAVELINE.

Mon cher maître, j'ai consulté ma famille; elle trouve le barreau une profession hasardeuse, peu rémunératrice, et m'a fortement poussé à accepter.

DUCREST.

Et vous entrez quand cela, en service... enfin en fonctions?

LAVELINE.

Le plus tôt possible. M. Richot me talonne un peu; le départ du principal a mis toute l'étude sens dessus dessous.

DUCREST, mélancoliquement.

C'est bien, c'est très bien. Tout cela rentre dans la même série, — je me comprends, dans la même série noire. Je ne vous en veux pas, chacun son instinct. Qui sait, peut-être que le vôtre ne vous dicte pas si mal, somme toute! Actuellement mon étoile pâlit; vous faites peut-être bien de me quitter.

LAVELINE.

Ah! mon cher maître, si vous me prêtez le moindre calcul de ce genre...

DUCREST, même jeu.

Mais non, mon petit, c'est une impression à moi. Je traverse une crise, j'ai la contre-passe. Certes, je possède assez de ressort pour m'en tirer et je m'en tirerai. Mais que voulez-vous, en ce moment je n'y suis pas, je le sens. Je viens de le constater encore avec ce Hurepoix. Je remplace l'énergie par la violence, la volonté par la mauvaise humeur... Je n'y suis plus, quoi. Il n'y a qu'à attendre que cela revienne. (Un temps.) Maintenant, parlons pratiquement. Pouvez-vous encore m'accorder jusqu'à demain soir pour mettre au point tout l'arriéré avant votre départ?

LAVELINE.

Mais si M. Richot permet, avec joie, cher maître.

DUCREST.

Alors, pour commencer, ayez donc l'obligeance de reclasser les pièces du dossier Savreuse qui sont dans un désordre! Et vous reporterez le tout au parquet où on le réclame. (Examinant le dossier.) Le dossier Savreuse! Comme c'est déjà vieux, tout ça! Comme c'est loin de moi! (Un temps.) A demain. Tâchez d'avoir vu Richot. Moi, il faut que je retourne à cette sacrée société où j'ai laissé un tas de paperasses.

LAVELINE.

Mais, mon cher maître, si vous voulez que j'y aille?

DUCREST.

Merci. Cela me fera prendre l'air. (Sonnerie de timbre.) Et puis voilà l'auto qui rentre avec madame Ducrest, je vais en profiter. A demain, mon petit.

Il sort au fond.

SCÈNE V

LAVELINE, HENRIETTE, puis ADOLPHE.

Laveline s'assied face au public et se met à ranger distraitement les pièces du dossier. Henriette entre doucement par le fond, s'approche de Laveline et, se penchant tendrement sur lui :

HENRIETTE.

On travaille, mon chéri ?

LAVELINE.

Je m'y mettais. Vous l'avez rencontré ?

HENRIETTE.

Oui, dans l'escalier.

LAVELINE.

Il ne vous a rien dit ?

HENRIETTE.

Non, il s'est effacé pour me laisser le passage, moi aussi. Les grandes cérémonies ! J'avais une envie de rire !

LAVELINE, se levant.

Eh bien, pas moi. C'est fait, je lui ai annoncé mon entrée chez Richot.

HENRIETTE.

Et comment a-t-il pris cela ?

LAVELINE.

Très mal.

HENRIETTE.

Il s'est fâché ?

LAVELINE.

Pis, du chagrin, du vrai chagrin.

HENRIETTE, *retirant son chapeau.*
Attendez que je m'installe.
LAVELINE.
Pourquoi?
HENRIETTE.
Mais pour la petite discussion quotidienne. Vous allez encore me déclarer qu'il souffre, n'est-ce pas?
LAVELINE.
Certainement. Je viens même de le voir comme jamais je ne l'avais vu.
HENRIETTE.
Qu'est-ce qu'il vous a dit?
LAVELINE.
Est-ce que je sais, ma chérie. Les plaintes les plus confuses mais les plus significatives. Il parle d'étoile qui pâlit, de contre-passe, il veut voyager, il étouffe ici, enfin il fait du découragement, de la neurasthénie à fond.
HENRIETTE.
Et vous donnez là-dedans, vous?
LAVELINE.
Dame, quel intérêt aurait-il à se montrer devant moi diminué, désemparé? Il ne supposait pas que je vous répéterais ses propos.
HENRIETTE.
Non, mais que vous vous en feriez peut-être l'écho inconscient. Il est si fort!... Qu'il soit vexé, humilié, atteint dans sa vanité, je veux bien, mais pas davantage. Et je le connais mieux que vous, vous pensez!
LAVELINE.
Admettons. Mais je n'en suis pas moins frappé par ce qui est visible, indéniable, chez lui : l'intelligence

qui vacille, l'énergie qui fléchit. Eh bien, je trouve cela lamentable. Et je vous assure, Henriette, il ne s'agit plus de scrupules qui me tourmentent, de distances à garder. Je vous parle simplement au point de vue artiste, au point de vue professionnel. Disons-nous bien, ma petite, que, malgré ses défauts, ses fanfaronnades, son bluff perpétuel, il n'y en a pas beaucoup de sa taille ; c'est quelqu'un de très bien que le patron, quelqu'un de considérable.

HENRIETTE.

Oh ! je n'ai jamais nié son talent.

LAVELINE.

Non, mais vous n'êtes pas à même d'en apprécier comme moi toute la valeur, toutes les faces. Ainsi, au point de vue juridique, il vous échappe totalement.

HENRIETTE.

Cela je l'avoue.

LAVELINE.

Vous voyez bien. Et pourtant c'est un juriste de premier ordre, presque de génie. Et moi qui sais voir tout cela s'en aller, et penser que je suis peut-être pour quelque chose dans cet effondrement, que voulez-vous, cela me navre. Vous ne comprenez pas mon impression ?

HENRIETTE.

Je la comprends tellement que j'ai tout fait pour vous l'épargner. Quand vous m'avez appris votre projet de quitter la maison, d'entrer chez Richot, vous ai-je dissuadé ? C'était la délicatesse élémentaire, ce départ. Seulement, il y a des bornes et nous ne pouvons pas passer toute notre vie à larmoyer sur mon mari. Depuis le retour, chaque fois que je vais chez vous, je me fais l'effet d'aller à un bout de l'an. Cela manque de charme.

LAVELINE.

Voyons, ma petite Henriette, à ces rendez-vous, il y a eu tout de même autre chose?

HENRIETTE.

Sans cela ! Mais c'est pour vous dire que j'en ai assez de ce sujet, plus qu'assez. Ou alors, si votre conscience d'artiste vous tourmente à ce point, finissons-en, séparons-nous.

LAVELINE.

Ah ! ma pauvre petite, est-il possible d'être si méchante ! Nous séparer, c'est bien là mon désir, c'est bien là mon but, soyez franche aussi?

HENRIETTE.

Non. Mais alors pourquoi tout ce drame, mon amour, pourquoi toutes ces histoires? Parce qu'il bougonne, parce qu'il boude? Cela passera comme le reste, comme ses colères, comme ses menaces. Cet homme qui devait tout découvrir, tout dévorer, vous voyez ce qu'il a fait depuis trois semaines : néant.

LAVELINE.

Eh ! Eh ! Attendons la fin.

HENRIETTE.

Je vous remercie toujours de me rassurer. Mais je n'ai pas peur. Il n'a rien fait, et il ne fera rien, et pour la bonne raison qu'il ne peut rien faire...

On frappe.

LAVELINE.

Entrez.

Adolphe entre.

HENRIETTE, à Adolphe.

Qu'est-ce que c'est ?

ADOLPHE.

Ce n'est pas pour madame. (A Laveline.) C'est un monsieur qui raconte qu'il a rendez-vous avec monsieur ?

Henriette sort.

LAVELINE.

Il ne vous a pas dit son nom ?

ADOLPHE.

Il n'a pas voulu, mais je connais sa figure.

LAVELINE.

Enfin, faites-le entrer.

Grelu entre à droite.

SCÈNE VI

LAVELINE, GRELU, puis DUCREST.

LAVELINE, assombri.

Tiens, c'est vous, monsieur Grelu ! En voilà des mystères !

GRELU.

Vieille habitude de la Sûreté. Dans le métier on est modeste. On se découvre le moins possible, peur d'avoir froid. Comme les têtes couronnées, quoi !

Il rit.

LAVELINE.

Et vous avez un rendez-vous précis avec le patron ?

GRELU.

Oui, monsieur Laveline, à trois heures et demie.

LAVELINE.

Je suppose que M. Ducrest va rentrer. Cependant,

si vous voulez m'expliquer de quoi il retourne, je pourrai peut-être...

GRELU.

Je vous dirai que j'ignore. M. Ducrest a téléphoné à mon agence comme j'étais sorti. Alors est-ce pour des renseignements financiers, est-ce pour une petite dame, j'ignore.

LAVELINE.

C'est très fâcheux. (Timbre de sonnerie.) Du reste, voici M. Ducrest qui rentre.

GRELU.

Oh! en cette saison de l'année, pour ce qu'on est pressé! L'adultère, vous savez, c'est comme les huîtres : cela ne donne que dans les mois en « r ».

DUCREST, entrant à droite.

Vous m'excusez, Grelu, je ne suis guère en retard que de cinq minutes.

GRELU.

Faites donc, monsieur Ducrest, j'ai tout mon temps.

DUCREST, avisant Laveline qui ramasse ses papiers en hâte.

Comment, vous êtes encore là ?

LAVELINE.

C'est que ce classement n'était pas commode. Et puis M. Grelu est venu là-dessus...

DUCREST.

C'est bon, mon petit, mais dépêchez-vous. Ah! dites donc, à demain, n'est-ce pas ?

LAVELINE.

Entendu, cher maître, à demain.

Il sort à droite.

SCÈNE VII

DUCREST, GRELU, puis HENRIETTE.

DUCREST, retirant ses gants.

Eh bien, Grelu, les affaires? Vous êtes content?

GRELU.

Oh! c'est bien calme, monsieur Ducrest. Un peu de travail dans les villes d'eaux, mais si peu! Et pourtant il y aurait tant à faire dans ces endroits-là! Mais le client a ses préjugés et cela ne reprend qu'à la rentrée.

DUCREST.

Bah! nous n'en sommes pas loin. (S'asseyant.) Asseyez-vous donc. Voyons, en deux mots, voici de quoi il s'agit. Un de mes clients a sur sa femme les soupçons les plus sérieux.

GRELU.

Et il veut la faire filer? Tout à votre service.

DUCREST.

Un moment, Grelu. Mon client désire que ce soit vous-même, vous seul qui vous chargiez de l'opération. Il y tient essentiellement.

GRELU.

Ah! il faudrait se mettre d'accord, cher maître. Je prends moi-même la direction de la filature, je m'y engage, mais vous pensez que je ne pourrai pas la mener tout seul.

DUCREST.

Pourquoi cela?

GRELU.

Voyons, monsieur Ducrest. Vous savez bien comment cela se passe ?

DUCREST.

Eh ! oui, oui, je sais !

GRELU.

Je prends à son domicile au moment où elle sort madame... Comment l'appelez-vous ?

DUCREST, évasivement.

Je vous dirai son nom tout à l'heure, pour certains motifs.

GRELU.

Bon, bon. Je prends cette dame à sa porte, je la suis à pied, en fiacre, en auto, selon que cela se trouve.

DUCREST.

Oui, oui, je sais...

GRELU.

Si elle entre dans une maison qui m'ait l'air... j'attends. Si elle y reste, tout va bien. Je recommence le lendemain, je m'informe et, au bout de deux jours, trois jours au plus, l'enfant est bouclée.

DUCREST, avec impatience.

Mais oui, tout cela je sais bien.

GRELU.

Attendez donc. Mais aujourd'hui, avec tout le fourbi de la vie des dames, ça se présente plus embrouillé. La prévenue commence par courir les magasins, les salons de peinture, les conférences, les bridges, les matinées, les concerts, et, dans ce cas, si je ne veux pas être brûlé, il faut que je la repasse à mes aides. J'en ai partout, dans tous les grands magasins, dans toutes les expositions, dans tous les thés à la mode, partout enfin, et des deux sexes : agents et agentes. Agentes surtout, oui, moi je préfère. Cela marque moins que des hommes. Toutes, du reste, des personnes ce qu'il y a de mieux. Des anciennes institutrices, des dames de compagnie. J'ai même une comtesse, une vraie, et qui me coûte chaud. Eh bien, je vous la donnerai. Vous voyez, monsieur Ducrest, si votre client sera bien servi.

DUCREST.

Je n'en doute pas. Reste à fixer l'heure et l'endroit où on vous montrera la prévenue, comme vous dites.

GRELU.

Ce sera comme vous l'indiquerez, cher maître... Ah ! et puis, n'oublions pas, il me faudra la photo...

DUCREST.

Ouais, ouais... Mais, voilà... Enfin, est-ce absolument indispensable ?

GRELU.

Oh ! monsieur Ducrest, absolument ! A moi seul, je m'en tirerais encore sans photo. Mais mes aides ! Vous ne croyez pas, cher maître, que j'ai tout ce monde-là qui drogue à travers Paris pour une seule affaire ? Les revenus à Rockfeller n'y suffiraient pas. Dans la bonne saison, les filatures ne vont pas à moins de dix à douze par jour, et sans photos, mes pauvres agents, comment est-ce qu'ils s'y retrouveraient ? Et puis, la photo, ça n'est pas trompeur comme l'œil. C'est net, ça colle au modèle. Si on hésite, un petit regard au carton dans le creux de la main, et on est fixé. Comprenez-vous ?

DUCREST, avec effort.

Eh ! oui, je comprends. Eh bien, j'ai précisément ici

la photographie de la personne, car le malheur veut qu'elle soit la femme d'un de mes amis. Je vais vous la remettre et vous saurez en même temps son nom.

> Ducrest ouvre un tiroir et en tire lentement une photographie. A ce moment, Henriette entre par le fond. Ducrest, sans précipitation, repousse la photographie dans le tiroir.

HENRIETTE.

Oh ! pardon ! je ne savais pas que tu avais du monde. Je venais chercher la revue.

DUCREST, la suivant du regard.

Elle est là sur la petite table, près des livres.

HENRIETTE.

Oui, la voilà. Merci.

> Elle sort au fond. Ducrest, comme hypnotisé, ne la quitte pas des yeux.

GRELU.

Alors, monsieur Ducrest ?

DUCREST.

Eh bien, écoutez, Grelu, tout bien pesé, cette combinaison de photographie ne me revient pas beaucoup. J'y vois des tas d'inconvénients.

GRELU.

Oh ! cher maître, avec mes agents, tant qu'à la discrétion, il n'y a pas cela de crainte à avoir. Vous pouvez me donner cette photo comme à votre père.

DUCREST.

Mais je n'en doute pas un instant, Grelu. S'il s'agissait de moi, la chose serait faite. Mais je vous ai dit, mon client est un ami, c'est un garçon un peu... un peu nerveux. Alors, avant de rien décider, je préfère d'abord le consulter.

GRELU, se levant.

Comme il vous plaira, cher maître. Faudra-t-il que je vienne demain ?

DUCREST.

Je vous téléphonerai.

GRELU.

C'est cela. Mais dites-le bien à monsieur votre ami, je réponds de mes agents comme de moi-même. Pas cela de crainte à avoir.

DUCREST.

Je le lui dirai. Tenez, sortez par là, et à droite c'est l'antichambre. Au revoir, Grelu. (Grelu sort. Ducrest reste en place quelques instants songeur, se caressant le menton, puis il sonne. Adolphe paraît.) Demandez à madame si elle peut venir me parler.

Adolphe sort au fond.

SCÈNE VIII

DUCREST, HENRIETTE.

HENRIETTE, entrant au fond et très simplement.

Qu'est-ce qu'il y a ?

DUCREST, lui désignant un siège et s'asseyant.

Tu vas le savoir. Voilà. Depuis cette soirée de là-bas, cette soirée navrante...

HENRIETTE, se levant.

Oh ! je t'en prie, nous n'allons pas recommencer. L'incident est clos, archi épuisé.

DUCREST.

Permets...

HENRIETTE.

A quoi bon? Je te dirai forcément des choses blessantes, tu répondras par des menaces...

DUCREST.

Des menaces! Si c'est cela que tu redoutes... Non! Pour menacer, il faut être sûr de soi, maître de ses moyens, il faut être heureux, et tu ne sens donc pas, depuis trois semaines, dans quelles angoisses je me débats. Seulement je croyais que la fin approchait. J'avais pris la grande résolution. J'avais appelé ici le directeur d'une agence de renseignements, — oui, cet individu qui était là. Et j'allais lui remettre ta photographie, quand le hasard t'a fait entrer. Alors, d'un coup, j'ai vu la suite : ton nom inscrit sur des fiches comme celui d'une fille, ton portrait traînant dans les mains de ces mouchards, montré chez les mastroquets, chez les entremetteuses, et les quolibets ignobles, les rires écœurants, enfin toute cette abjection sur toi, ma femme, ma compagne de douze années, et je n'ai pas pu. J'ai congédié ce monsieur, je ne le reverrai jamais. Mais tout cela c'est très beau; maintenant, moi, qu'est-ce que je vais devenir?

HENRIETTE.

Je ne saisis pas bien.

DUCREST.

Mais si... Comment veux-tu que je vive dans cette atmosphère ? A chacune de tes sorties, me demander où tu vas. A chaque homme que je croise, me demander si c'est lui. Et puis, toute cette honte installée là, chez moi, à mon foyer... Malgré l'entraînement que tu subis, tu n'es ni une coquine, ni une détraquée. Tu devrais comprendre ma détresse.

HENRIETTE.

Voilà un bien grand mot. Tu dramatises.

DUCREST.

Moi ?

HENRIETTE.

Bah! Quand je compare à ce que j'étais pour toi il y a quelques semaines : à peine une camarade, une sorte de femme de charge, — tout à coup cette explosion de jalousie!

DUCREST.

Qualifie cela comme tu voudras. Moi je n'analyse pas. Le fait est là. Un homme, un individu que j'ignore, t'enlève tous les jours à moi un peu plus. Et j'en souffre abominablement. Et il n'y a pas que de la vanité, je te jure. Il y a surtout ta tendresse qui me manque. Tu m'en avais si bien imprégné que je ne m'en apercevais même plus. C'était comme mon parfum de mouchoir. Je finissais par ne plus la sentir. Mais c'est maintenant que je vois comme j'en avais besoin... maintenant que je n'ai plus rien de toi...

HENRIETTE.

Encore des exagérations. Est-ce que je suis moins ici? Est-ce que je te donne moins de mon temps?

DUCREST.

Oh! pas une minute. Tu fournis le même nombre d'heures. Seulement, avant, c'était des heures de tendresse. Et maintenant, ce sont des heures de présence...

HENRIETTE.

Subtilités.

DUCREST.

Non, vérités. Alors se sentir constamment comme

en pays ennemi; au lieu de se confier, être obligé de se guinder, de se surveiller, — tu ne sais pas l'impression de froid, de contrainte, d'isolement! Et cela pour les choses les plus insignifiantes comme les plus graves : un effet en mauvais état, un fournisseur à recevoir, une décision à prendre... Enfin, je suis seul, affreusement seul.

HENRIETTE.

Peuh! Jadis il n'y avait pas que moi dans ton existence.

DUCREST.

Sans doute. Autrement serais-je là à t'implorer après ce que tu m'as fait? Serais-je là à demander grâce, par un renversement inouï des rôles, comme si c'était moi le coupable?

HENRIETTE.

En effet, il n'y a jamais eu que moi de fautive.

DUCREST.

Qui t'a dit cela? Et j'admets même que pour ton amour-propre de femme, tu aies eu besoin d'une revanche. Mais de là à des représailles systématiques, sans fin, sans merci...

HENRIETTE.

Oh! cela chaque fois qu'il faudra plaider!

DUCREST.

Plaider, quand j'arrive tout juste à lier mes idées, quand tu vois comme chaque mot me pèse, me fait mal, quand c'est toi qui devrais m'aider et deviner ce que je te demande...

HENRIETTE.

Mais c'était fait à ta première phrase. Ici comme là-bas, tu me demandes la même chose, tu me demandes l'impossible.

DUCREST.

Me sacrifier une vague aventure, une liaison improvisée, c'est cela que tu appelles l'impossible? Et puis, sois sincère. Henriette, est-ce que je demande sur le même ton? Ah! si je plastronnais comme il y a un mois, si je m'emportais, si j'alléguais mes droits, mes intérêts, ma réputation, je comprendrais encore. Mais non, je n'invoque que mon chagrin, mes doutes, mes tourments.

HENRIETTE.

C'est-à-dire que tu le crois, et de très bonne foi. Mais moi qui te connais, je traduis. Je traduis : tes aises, ta tranquillité, ton confortable. Car c'est cela que tu regrettes, n'en doute pas. C'est cela véritablement qui te manque!

DUCREST.

Entendu. Quand je m'excuse : plaidoyer. Quand j'implore : comédie. Quand je me désole : égoïsme. Comment veux-tu que je sorte de là? Est-ce que cela se prouve, est-ce que ça se démontre, la douleur? D'ailleurs, pour que tu ne sentes pas la mienne, l'abîme qu'il doit y avoir entre nous! Alors, à cette distance, tout ce que je te dirais ou rien!... C'est égal, quinze ans d'union étroite, d'intimité constante entre deux êtres, j'aurais cru que ça marquait plus...

Il se tait, la tête dans ses mains.

HENRIETTE, *allant vers lui et un peu émue.*

Mais, mon ami, je t'assure...

DUCREST, *avec un geste dilatoire.*

Oh! je sais, tu n'es pas une méchante femme. Tu obéis à un sentiment plus fort. C'est cela qui te donne cette cruauté! Seulement, dans ces conditions, je te le dis sans colère, sans amertume, parce que c'est l'évidence, il vaut mieux que tu suives ta destinée, que tu t'en ailles.

HENRIETTE.

Tout à fait?

DUCREST.

Dame, après cette conversation, nous vois-tu vivant côte à côte? Il n'y a que le divorce de possible. Tu le demanderas ou ce sera moi qui le réclamerai.

HENRIETTE.

Toi?

DUCREST.

Comme tu préfères. Maintenant, ce que le monde pensera ou non, tu supposes si ça me sera égal. A côté de ce que je viens de souffrir!... Et puis, quoi, j'ai peut-être fait mon temps! J'aurai eu mon heure, une belle carrière, quelques bonnes plaidoiries. Eh bien, si ça doit être fini, ce sera fini.

Il pleure.

HENRIETTE.

Mon ami, mon ami, écoute.

DUCREST.

Non, non, ma chère enfant, pas de consolations.

HENRIETTE.

Il ne s'agit pas de consolations.

DUCREST, vivement.

De quoi alors?

HENRIETTE.

Une impression! Il me semble qu'avec ce divorce, tu vas bien vite.

DUCREST, redescendant et anxieusement.

Pourquoi me dis-tu cela? Ce n'est pas un jeu, n'est-ce pas, des paroles en l'air? Tu me ferais ce sacrifice?...

HENRIETTE.

Je ne sais pas, je ne sais pas... Je suis affolée. Je t'en supplie, ne me questionne pas, ne me presse pas. J'ai besoin de réfléchir, de voir clair, d'être seule.

DUCREST.

Oh! je comprends très bien. Je vais te laisser. Seulement, rester ici à piétiner, à me morfondre en attendant le verdict, comme aux assises, tu me pardonnes, mais je ne pourrais pas. Il faut que je sorte, que je prenne du mouvement.

HENRIETTE.

Oui, si tu veux, c'est cela.

DUCREST.

Alors, je te laisse. (S'arrêtant.) Oui, mais quand je rentrerai, qu'est-ce que tu vas me dire? (Henriette esquisse un grand geste d'incertitude. Ducrest, même geste.) Evidemment!

Il sort à droite.

SCÈNE IX

HENRIETTE, JULIE.

Henriette reste un instant seule à marcher nerveusement à travers la pièce. Julie entre à droite, un chapeau à la main.

JULIE.

Madame n'oublie pas qu'elle doit sortir à cinq heures? Quel chapeau dois-je préparer?

HENRIETTE.

Aucun. Je ne sortirai pas, j'ai une lettre à écrire.

JULIE.

Bien, madame.

<small>Elle sort au fond. Henriette va pour remonter. Laveline entre.</small>

SCÈNE X

Les Mêmes, puis LAVELINE.

HENRIETTE.

Vous !

LAVELINE.

Oui ! Je viens de le voir partir ! (Aussitôt la porte fermée.) Vous savez qu'il nous arrive une chose terrible.

HENRIETTE.

Oui, je sais.

LAVELINE.

Mais non, vous ne pouvez pas vous douter. Ce monsieur de tantôt qui avait un rendez-vous avec le patron...

HENRIETTE.

Oui, c'est un policier, un agent de recherches.

LAVELINE.

Qui vous a dit ?

HENRIETTE.

Mon mari lui-même.

LAVELINE.

Lui ? Je ne comprends plus.

HENRIETTE.

Si. Il voulait me faire suivre, et puis le courage lui a manqué.

LAVELINE.

Et il vous l'a avoué?

HENRIETTE.

Oui. Nous venons d'avoir ensemble une conversation très douloureuse, et je dois reconnaître que vous aviez raison : cet homme souffre, il souffre même beaucoup, il est très malheureux.

LAVELINE, triomphant.

Là, vous voyez!

HENRIETTE, éclatant en larmes.

Ah! mon chéri! Mon pauvre petit!

LAVELINE, courant s'asseoir près d'elle.

Voyons, voyons, ma petite Henriette, vous êtes extraordinaire! Il y a une heure, vous ricaniez de ses souffrances, et à présent, vous voilà en larmes!

HENRIETTE.

Mais ce n'est pas sur lui que je pleure, comprenez donc, mon amour, c'est sur nous!... Il va falloir que nous nous séparions.

LAVELINE.

Que nous nous séparions?

HENRIETTE.

Oui.

LAVELINE.

Et vous avez consenti?

HENRIETTE.

Pas tout à fait. Je lui ai demandé de réfléchir pour la forme, mais après ce que j'ai vu, après ce que j'ai entendu, je ne peux pas lui refuser, je ne peux pas...

LAVELINE.

Mais si, mais si. Vous pouvez très bien et vous refuserez, je m'en charge.

HENRIETTE.

Et c'est vous qui parlez ainsi ! Vous qui me disiez de lui tout à l'heure des choses si délicates, si généreuses !

LAVELINE.

Tout à l'heure, pardi, j'étais dans l'ivresse de vous avoir. Et vous savez bien ce que c'est que le bonheur; on voudrait en voir partout, on se sent de la bonté à revendre, on la jette par les fenêtres. Mais avec la douleur, l'économie vous revient, et le sens de vos intérêts. Maintenant, je n'ai plus en face de moi un supérieur, un homme à terre; c'est un ennemi, un adversaire qui veut vous reprendre, nous séparer. Eh bien, cela, jamais de la vie ! Je lutterai, je me défendrai.

HENRIETTE.

Oui, il faut lutter, oui, il faut vous défendre, mais pas contre lui... pas contre lui ! Allons, ne vous agitez pas ainsi, et venez là, tout près, comme vous aimez. (Elle lui met la main autour de l'épaule.) Voyons, vous connaissez mieux que moi toutes les raisons qui nous imposent...

LAVELINE, l'interrompant.

Les raisons ! Mais toutes les raisons du monde, est-ce que cela tient une minute devant la réalité horrible : vous perdre, vous avoir perdue ! Me retrouver tout seul dans mon pauvre appartement ! Et quand cinq heures sonneront, ne plus vous guetter sur le palier, ne plus vous recevoir dans mes bras, toute haletante, avec votre brassée de fleurs qui me chatouillait le cou ! Est-ce que je pourrai ? Est-ce que je pourrai ?

HENRIETTE.

Puisqu'il le faut, mon petit... Comprenez donc qu'il

le faut ! Et puis, est-ce que cela ne devait pas arriver un jour ? Est-ce qu'entre un tout jeune homme comme vous et une femme de mon âge, nos joies n'étaient pas comptées, à la merci des semaines, des mois, du moindre accident ?

LAVELINE.

Eh ! je n'en sais rien ! Croyez-vous que j'y pensais ?

HENRIETTE.

Parce que vous êtes à cet endroit admirable de la route où l'avenir est si loin, qu'on le distingue à peine. Mais moi que les années ont menée plus haut de la côte, je voyais mieux, j'étais plus prête.

LAVELINE.

Oui, et vous vous dites : « Un peu plus tôt, un peu plus tard, allons-y ! »

HENRIETTE.

Mais oui, et bravement, tête baissée ! Si je réfléchissais, aurais-je la force ?

LAVELINE.

Eh bien, moi, je l'aurai, je lutterai et je ferai l'impossible pour vous garder.

HENRIETTE.

Mon pauvre petit !

LAVELINE.

Si, si ! Et cet adieu que vous me demandez, je n'en veux pas... Vous me reviendrez.

HENRIETTE.

Mon pauvre petit !

> Sonnerie de timbre. Ils restent immobiles, presque interloqués. Ducrest entre. Il aperçoit Laveline. Sa physionomie marque un léger mouvement de surprise.

SCÈNE XI

DUCREST, LAVELINE, puis HENRIETTE, et ADOLPHE.

DUCREST, avec calme.

Henriette! Je voudrais d'abord dire deux mots à M. Laveline. (Henriette sort. Un temps. A Laveline.) Ah! ça, mon petit, sans reproche, qu'est-ce vous faites-là à cette heure-ci?

LAVELINE.

Mon cher maître, j'étais venu faire mes adieux à madame Ducrest.

DUCREST.

Vos adieux? Vous avez donc déjà vu Richot?

LAVELINE.

Non, pas encore. Mais c'est tout comme. Je connais sa réponse d'avance. Il désire formellement que j'entre demain soir.

DUCREST.

Demain soir? Mais alors, pour prendre congé de madame Ducrest, il vous restait toute la journée de demain.

LAVELINE.

En effet, mais me trouvant libre avant dîner, je suis...

DUCREST.

Oui, vous êtes monté comme cela, en passant, en camarade! (Un temps.) Ecoutez, mon petit Laveline, j'ai horreur des inquisitions. Mais je vous dirai que votre présence ici, à cette heure insolite, votre ton, vos réponses sont loin de me satisfaire. Sans oublier cette brusque entrée chez Richot, qui demeure on ne peut plus suspecte. Tenez, vous conspireriez contre moi avec madame Ducrest, que votre attitude ne serait pas autre.

LAVELINE.

Je ne vois pas du tout.... Je ne sais pas vraiment...

DUCREST.

Vous ne savez peut-être pas, mais, moi, j'ai besoin de savoir. Vous comprenez, si quelqu'un que j'emploie, quelqu'un sous mes ordres, est de connivence contre moi, il faut que je sache, que je sois fixé! Voyons, pourquoi étiez-vous ici, dans mon cabinet, à causer avec madame Ducrest? De quoi parliez-vous? Qu'est-ce que vous racontiez?

LAVELINE.

Mais, mon cher maître, je vous ai dit... j'étais venu prendre congé...

DUCREST.

Ah! non, laissons cette histoire d'adieux. Elle ne tient pas debout. Evidemment, madame Ducrest vous honore de ses confidences... Elle doit vous charger de je ne sais quelles commissions louches. Vous êtes visiblement son intermédiaire près de quelqu'un... Qui cela? Allons, répondez... Ah çà! Laveline, ce n'est pas vous, je pense?

LAVELINE.

Eh bien, oui, là, c'est moi!

DUCREST, *l'empoignant par son veston à la poitrine et le secouant.*

Vous! Vous!... Vous avez eu ce front, cette impudence?... Misérable petit bandit!

LAVELINE, *se débattant avec violence.*

Laissez-moi! Laissez-moi!

DUCREST, sans le lâcher.

Pas un mot ! Pas un mot ! Dehors ! Dehors ! Et que je ne vous retrouve jamais sur ma route, si vous ne voulez pas que je vous casse les reins ! (Il le lâche d'une poussée brutale. Puis, se promenant.) Par ce galopin ! Par ce galopin !... Pardi, c'était si pratique, si commode !... Une femme négligée, abandonnée. Aucun travail d'approche. Vos fonctions qui facilitaient. Et vous vous êtes dit : « Voilà mon affaire ! » Eh bien, mon petit monsieur, ces malpropretés-là, ces calculs ignobles, dans le langages des honnêtes gens, ça vous a un nom : ça ne s'appelle pas de la passion, ça ne s'appelle pas du sentiment, ça s'appelle de l'abus de confiance.

LAVELINE.

Mais si j'aimais, pourtant, si j'aimais.

DUCREST.

Si vous aimiez ?... Il y avait un fait qui dominait tout, un fait que tout vous défendait d'oublier : c'est que cette femme, c'était ma femme ! Et si vous aviez eu l'ombre de sens moral, l'ombre de conscience...

LAVELINE.

Oh ! Je sais bien tout ce que je vous devais, tous les services que vous m'avez rendus...

DUCREST.

Est-ce qu'il s'agit de ces bagatelles ? Pour tous vos collègues j'en faisais autant. Mais avec vous, il y avait plus : mon affection, ma foi absolue. Je me livrais comme devant un ami. Depuis la mort de votre père, je veillais sur vous comme sur mon enfant ! Eh bien, en échange, avant la gratitude, avant le respect, vous me deviez par-dessus tout une chose : de la loyauté. Mais d'ailleurs, en voilà assez !... Allez-vous-en... Vous n'êtes qu'un petit gredin... qu'un petit malheureux!

LAVELINE,

Oui, mon cher maître... c'est vrai... vous avez raison. Je suis un malheureux. Mais j'ai des excuses... Je vous en supplie... je n'avais rien prémédité... rien... cela s'est fait malgré moi... Une maladresse d'abord, puis l'aveu qui m'a échappé... Mais depuis ce jour-là, depuis trois mois, ce que j'ai souffert auprès de vous! Ma honte, mes transes, mes regrets continuels... D'ailleurs, maintenant, je ne pourrais plus... Il ne faut plus que je revoie madame Ducrest!... (Avec effort.) Je vous jure de ne plus la revoir.

Il pleure.

DUCREST.

Ni ici, ni ailleurs, enfin jamais?

LAVELINE.

Jamais, mon cher maître!

DUCREST.

C'est bien, alors, partez, allez-vous-en!... Dans les souvenirs que vous me laissez, il vous sera tenu compte de ces dernières minutes.

Laveline sort. Ducrest reste un instant seul. Henriette entre.

DUCREST.

Henriette, je viens de causer avec M. Laveline. Il nous quitte définitivement. Maintenant, toi, qu'est-ce que tu décides?

HENRIETTE, *se précipitant vers Ducrest, à demi sanglotante.*

Ah! mon ami!... Ah! mon ami!.., Je voudrais tant te dire...

DUCREST, *la prenant dans ses bras.*

Chut! Pour notre bonheur, plus un mot là-dessus, plus un mot.

ADOLPHE, entrant.

Monsieur, ce sont les étudiants.

DUCREST, se redressant et avec autorité.

Qu'ils entrent !

Entrée des étudiants.

SCÈNE XII

DUCREST, HENRIETTE, TROIS ÉTUDIANTS, L'ORATEUR.

L'ORATEUR, un peu intimidé.

Mon cher maître, le grand banquet d'automne de l'Association aura lieu dans six semaines. Nous venons vous demander de vouloir bien nous faire l'honneur de le présider.

DUCREST, très brillant.

Mais, mes chers camarades, c'est moi qui suis profondément flatté. Vieil étudiant moi-même, j'aime la jeunesse par-dessus tout, et j'éprouverai une joie infinie à me retremper dans votre fraîcheur, dans votre ardeur...

Et le rideau baisse lentement, tandis que l'allocution continue.

FIN

Imprimerie Générale de Châtillon-s-Seine. — A. PICHAT.

www.ingramcontent.com/pod-product-compliance
Lightning Source LLC
Chambersburg PA
CBHW070632170426
43200CB00010B/1985